庭をきれいに見せる
宿根草の選び方・使い方

山本規詔

家の光協会

- 5 はじめに
- 6 宿根草だからこそ

PART 1

庭のスペース・スタイルに合わせた
10 宿根草の選び方と組み合わせ方

- 12 きれいな庭にするために
- 16 さまざまな場所で宿根草は利用できます
- 18 メインの庭で試してみたい 3つのガーデンスタイル
- 20 フォルムや大きさの違いで見せる ボーダーガーデン風
- 28 やさしく花が咲き乱れる コテージガーデン風
- 36 里山の風景がお手本 ナチュラルガーデン
- 44 住まいの顔 エントランスガーデン
- 48 日陰だからこそできる シェードガーデン
- 54 宿根草が大活躍 デッドスペース

CONTENTS

PART 2

フォルム・草丈別
58 **宿根草選び図鑑**
60 TYPE A 横に広がる
64 TYPE B こんもり茂る
70 TYPE C 直線的なライン
76 TYPE D 茎の先に目立つ花
83 TYPE E 後ろが透ける
87 TYPE F ゆるやかな曲線
91 TYPE G 個性的な草姿
93 TYPE H つるもの
94 宿根草に似合う植物
　　　低木／球根植物／一年草

PART 3

96 **宿根草の育て方**
98 植えつけ
99 花殻切り
100 摘芯・切り戻し
102 株の整理
104 株分け

108 おすすめ宿根草の開花期・観賞期リスト
110 植物名索引

はじめに

宿根草の魅力は、とにかく種類が多く、いろいろな姿形のバリエーションが楽しめること。その数はとても一年草の比ではありません。当然、だれにでも簡単に栽培できるものから、ちょっと難しいマニアックな種類、さらには花色や葉色の違う園芸品種までたくさんの種類があります。特定の種類にこだわるなど、コレクション的な楽しみ方も可能です。でも、いちばんの楽しみは、いろいろな種類の宿根草が互いにバランスよく調和して、生き生きと花を咲かせるのを眺めることでしょう。

日当たりのよい花壇やコンテナなど、単純な環境で育てることを前提にした一年草とは異なり、宿根草は日なた、日陰、湿った土地や乾きがちな場所など、それぞれの環境に合うものを、数多くの種類の中から選ぶことができます。さまざまな環境が混じり合った個人住宅の庭にぴったりの植物なのです。

この本では、場所や庭のスタイルに合わせた宿根草の選び方、組み合わせ方を紹介しています。さあ、あなたの庭に合った宿根草を選んで、あなただけの庭を実現しましょう。

宿根草とは

宿根草とは、一年のうちのある期間、生育を止めて休眠し、季節がくると芽を伸ばして再び生育する草花のことです。養分を蓄える部分が目立たないことで、球根植物とは区別されます。しかし、この区別は植物学的なものではなく、便宜上使われる園芸用語です。そのため、休眠期をもたないものや、休眠期があっても地上部に茎葉が残る草花（多年草）も、宿根草に含めることがあります。

この本でも、宿根草と多年草を区別せずに、屋外で冬越しできる草花全般を「宿根草」として扱っています。

宿根草だからこそ

多様なフォルムが
織りなすシンフォニー

種類が多い宿根草は、フォルムも多種多様。花色の変化も加わると、複雑で美しい風景が生まれます。

多様なフォルムをもつ宿根草を組み合わせた庭は、開花の季節を迎えたばかり。ジギタリスや、デルフィニウム、ペンステモンの花がピークとなるころには、さらに複雑な光景が広がるはず。まさに宿根草の本領が発揮される

土留めを兼ねて斜面に石を積んだスペース。さらさらとしたフウチソウ、黄色の斑が目を引くギボウシ、まばらに花をつけるクロバナフウロなど、宿根草の趣ある姿が、この場所によく似合っている

石組みや水辺の風景にも似合います

華やかで、丸ごと花束のような一年草とは異なり、葉も含めた株姿が美しいのが宿根草。特殊なシチュエーションにも似合う種類があります。

水辺に植えた2種類のシペラス。湿った場所を好むので、こうした場所にぴったりなだけでなく、見た目も涼しげ

小道を取り囲むルドベキア'タカオ'とミソハギ、パニカム・ビルガツム'プレリー・スカイ'。自然な姿が、田舎道で出合ったかのような、どこか懐かしい光景をつくり出す

心安らぐ 自然な風景をつくります

ナチュラルな雰囲気をもつものが多いのも宿根草の特徴。丈夫な種類は植え替えが不要で、年を経るごとになじんだ風景になります。

季節の終わりを彩る
枯れ姿

花の季節を終え、立ち枯れた宿根草には独特の風情があります。そのまま庭に残して、冬枯れの姿を観賞するのも宿根草の楽しみのひとつです。

晩秋の光を受けて、きらきらと輝くユーパトリウムの綿毛のような種。花の季節とはまた異なった美しさがある

宿根草の枯れ姿が目立つ晩秋の庭。枯れたら片づけるものと思いがちだが、晩秋の澄んだ光のもとでの枯れ姿には風情があり、季節の移ろいが感じられる

<注>
●文中に出てくるタイプA〜Hは、植物をそのフォルムによって分類したものです。「PART2 フォルム・草丈別 宿根草選び図鑑」(58ページ)での分類に対応しています。

庭のスペース・スタイルに合わせた
宿根草の選び方と組み合わせ方

宿根草は、さまざまなシーンで活躍します。
使いたい場所やつくりたい庭のスタイルに合った
宿根草の選び方、組み合わせ方を紹介します。

宿根草の姿が際立つ庭を試してみたい
ボーダーガーデン風……**P.20**

花が咲き乱れる草原があこがれ
コテージガーデン風……**P.28**

心癒される落ち着いた庭をつくりたい
ナチュラルガーデン……**P.36**

家の顔だから、いつもきれいにしたい
エントランスガーデン……**P.44**

日が当たらない場所も庭にしたい
シェードガーデン……**P.48**

放置されがちな場所もきれいにしたい
デッドスペース……**P.54**

きれいな庭にするために

だれもがあこがれるきれいな庭。その実現のためには、いくつかのポイントがあります。
まずは基本的なことをチェックしておきましょう。

1 庭の環境を知る

環境に合った宿根草を選ぶために

　宿根草が好む環境は、一様ではありません。冷涼な気候を好むものもあれば、暑くても元気に育つものもあります。まずは、住んでいる地域の気候に合った種類を選ぶことが大切です。
　さらに、日当たりのよしあし、土の乾き具合、雨が当たるかどうかなど、庭（植物を植える場所）の環境は、場所ごとに異なります。それぞれに、ふさわしい植物が違うので、まずは庭をじっくりと観察することから始めましょう。

思い込みは禁物、よく観察する

　たとえば、住宅の南側は、一般には冬は暖かな日だまりになると考えられます。しかし、隣の住宅との距離によっては、まったく地面に日がささなかったり、強い風が吹き抜けたりする場合があります。そうした場合は、日陰でも耐える種類を選ぶ、風よけになる庭木やラティスなどの工作物の設置を考える、といった対応が必要になります。
　反対に、家の北側は日陰という先入観がありますが、太陽が北側に回る夏の間は、朝夕の日ざしが入ることがあります。また、空が大きく見渡せるなら、天空の反射光でかなり明るくなります。多少花つきが悪くなるのを我慢すれば、植えられる宿根草の幅は広がります。

2 植物の観賞時期を考慮する

開花期を考えて組み合わせる

　宿根草は、開花期が短いものが大半で、冬に地上部が枯れるものも多くあります。組み合わせを考えるときには、開花期や、落葉性か常緑性かなどを確認しましょう。
　宿根草でいちばん多いのが初夏に開花するもの、次が秋に開花するものです。宿根草の性質がよくわかっていない初心者のうちは、このどちらかに開花のピークがくるように組み合わせるとよいでしょう。
　このとき、ヒューケラやアルテミシアなど、葉がきれいで観賞期が長い宿根草を加えれば、

シロタエギク'シラス'の幅広の銀葉に、ダークカラーのヒューケラがコントラストをみせる春の宿根草花壇。後ろに控えるジギタリスが咲くまでの間、つなぎ役として植えられた一年草扱いされるスイートアリッサムやローダンセマムの白花が活躍する

花のない時期も寂しくなりません。さらに、ガウラやサルビア類など、開花期の長い種類を足せば、宿根草ならではの季節の移ろいが感じられて、しかも、花が途切れずに咲く庭の実現も夢ではありません。

組み合わせを考えるときには、108ページの「おすすめ宿根草の開花期・観賞期リスト」を参考にしてください。

一年草や球根類を上手に利用

冬から春の半ばまでと真夏は、花の咲く宿根草が少なく、秋は花は咲いても、草丈の高い種類がほとんどです。花期が長い一年草を上手に使うと、つなぎ役になります。また、小型のスイセンやコルチカムなど、植えっぱなしにできる球根植物を加えれば、季節を告げる花のバリエーションが豊かになります。

3 植物の形や質感も大切

印象を大きく左右する形と質感

植物の組み合わせを考えるとき、花色だけに注意を向けがちですが、生長時の草丈やフォルム（形）、テクスチャー（質感）も大切です。

フォルムとは、その植物から受ける形のイメージです。花や葉の形が個性的な場合は、株全体のシルエットが似ていても、違うように感じることがあります。

テクスチャーとは、ふわふわ、ごつごつ、てかてかといった、花や葉などの見た目から受ける手触り感や質感の印象です。

育ったときの形状を事前に調べる

開花サイズに育った花つき苗を植えつけることが多い一年草とは異なり、宿根草は小さな苗を入手して植えつけることがほとんどです。なかなか育ったときのイメージがつかみにくいものですが、本や種苗カタログなどの情報を頼りに、事前にその植物の形状を把握して、植栽プランを立てましょう。

58ページからの図鑑では、フォルムで宿根草を分け、さらに高さごとに紹介しているので、参考にしてください。

フォルムのいろいろ

こんもり茂るギボウシ

直線的なラインのサルビア・ネモローサ

茎の先に目立つ花をつけるエキナセア

後ろが透けて見える西洋オダマキ

テクスチャーのいろいろ

ふんわりさらさら、やさしい感じのスティパ

てかてかした艶が目を引くヒューケラ

もこもこした穂が、やわらかなアスチルベ

かたい感じを受けるニューサイラン

庭の印象を大きく変える配色

同系色か、同系色＋補色が基本

　美しい庭をつくるうえで、カラーコーディネートはとても重要な要素です。

　最初のうちは、あまり難しく考えずに、同時期に咲く花は、テーマカラーを決めて、似かよった花色（同系色）でまとめるか、そこに補色（反対色）を2～3割加えるとよいでしょう。そうすれば、まとまりのよい庭ができるはずです。

　それも難しいというなら、庭に植える植物の花色をすべて似た色で統一してみましょう。あとは実際に咲いたときの花色を確かめながら、自分に合った色の組み合わせを探っていくのも、ガーデニングの楽しみのひとつです。

濃い色や淡い色を加えて印象的に

　同系色でまとめるとき、簡単に印象的な配色にする方法があります。それは、淡めの色でまとめているなら、同系の濃い色を加えることです。逆に、濃いめの色でまとめているなら、同系の淡い色や純白を加えます。この方法は、花、リーフプランツを問いません。これだけで、互いの色を引き立てることができます。

　加える色の量は、全体の2～3割にするときれいです。4割を超えてしまうと、なんだか落ち着かない印象になってくるので、気をつけましょう。ただし、例外的に白だけは、多く加えてもあまり気になりません。

同系色
ピンクの同系色（アスチルベとデルフィニウム）でまとめた植栽。明るくやさしい印象のピンクは、だれからも好かれるテーマカラーのひとつ

同系色＋補色
それだけでは単調になりがちな黄色の濃淡（エレサレムセージとメギ'オーレア'）に、補色の青色（デルフィニウム）を加えて引き締めた植栽。加える補色の量は2～3割程度がよい

淡い同系色＋同系の濃色
青色の濃淡（ウスベニアオイとヤグルマギク）に、濃い紫色（デルフィニウム）を加えた植栽。淡い色の同系色はまとまりやすい反面、印象が弱くなりがち。濃色を加えると、生き生きとした印象になる

カラーリーフで配色に深みを出す

　花ものだけでなく、葉がきれいなリーフプランツを加えると、配色に深みが出ます。たとえば、輝くようなシルバーリーフや濃色のブロンズリーフは、どんな花ともよく似合いますが、とくにピンクや淡いブルー、白などの花を引き立てます。明るめのブロンズリーフは、赤からオレンジ色、黄色の花に合わせると効果的です。黄金葉は、同系色に近いオレンジ色や赤、補色の紫色や濃いブルーに合います。

ピンク＋濃色のブロンズリーフ、シルバーリーフ
ピンクのアガスターシェと銅葉のセイヨウハナズオウ'フォレスト・パンジー'に、アルテミシアやユーフォルビア・ウルフェニーなどのシルバーリーフを足して、メリハリのある景色に

黄色＋明るめのブロンズリーフ
黄色のエノテラと銅葉のハロラギス'ウェリントン・ブロンズ'の組み合わせ。抑えた色のブロンズリーフを加えるのは、さりげなく花を引き立てる基本のテクニック

ピンク＋シルバーリーフ
ピンクのゴデチャと銀葉のアルテミシアとの組み合わせ。日ざしをはね返すシルバーリーフが、シルクのような花弁にさらに輝きを加える

庭を見る人の視線を意識する

何がどう見えるのか調べる

　植栽を考えるとき、一定の位置からの見え方だけで、プランを立てがちです。しかし、歩きながら楽しむ庭は、園路を進むにつれて、見る角度や見える範囲が変わってきます。リビングなど、室内から眺める庭は、立った場合と座った場合とで見え方が変わります。さらに、人は集中するとかぎられた範囲しか目に入らなくなります。

　どこから見る庭なのか、その場所からは何がどう見えるのか、視界に何が入ってくるのか、実際に確認しつつ、計画を立てましょう。

好ましくない風景を見せない工夫を

　もしも、好ましくない風景が目に入ってくるなら、庭木やパーゴラなどで視線を遮ったり、目立つものを別の方向に置いて、視線を誘導したりする工夫をしましょう。思いきって手前に大きなオブジェを置くのもひとつの方法です。

　好ましくない風景というものは、ふだん目にしていると慣れてしまって、気がつきにくいものです。「きれいに植えたのに、どうもしっくりこない」というときは、電柱、看板、隣家の壁など、まわりの風景をチェックしてみましょう。

さまざまな場所で
宿根草は利用できます

広い場所からデッドスペース、環境が悪いところまで、宿根草ならさまざまな場所に植栽が可能です。
この本では、一般の住居でよく見かける4つの場所を取り上げ、
それぞれの場所にふさわしい、宿根草の選び方・組み合わせ方を紹介します。

日の当たるメインの庭

ある程度の広さがあり、半日以上日が当たる場所なら、さまざまな植栽が可能です。18ページで、3つのガーデンスタイルを紹介しています。自分の好みに合ったスタイルを見つけてください。

植えられる宿根草の種類も多く、組み合わせ方しだいで、さまざまなスタイルの庭ができる。バラやクレマチスなどと組み合わせれば、さらに立体的な庭になる

直射日光が当たらない場所

隣の家との間や北向きの庭、大きな木や板塀の陰など、直射日光が当たらない場所も、宿根草が得意な場所です。日陰に強い種類を選んで上手に組み合わせれば、魅力的な庭になります。

>> **日陰だからこそできる シェードガーデン**
48ページへ

葉色やフォルムの異なる宿根草を組み合わせれば、一年草花壇とはひと味違う落ち着いた緑の空間ができる。明るさや土の湿り具合など、その場の環境を的確に読み取ることが成功の秘訣

デッドスペース

花壇として使うにはあまりに狭かったり、乾燥しやすかったり、環境が悪い場所こそ、宿根草が活躍します。宿根草は種類が豊富で、さまざまな環境に合うものがあるので、工夫しだいで放置しがちなデッドスペースが、美しくよみがえります。

>> **宿根草が大活躍 デッドスペース**
54 ページへ

フェンス下のごく狭いスペース。宿根草を植えるだけで、味気ないフェンスまわりが、一気に明るくにぎやかになる。狭い通路では、横に広がる植物よりも高さが出る植物のほうがじゃまにならない

門扉や玄関のわき

お客さまを迎える場所であり、その家の顔となる大切な場所です。小さな植え升や植栽スペースがあってもうまく生かせていないことが多いのですが、宿根草を使えば、頻繁な植え替えやこまめな手入れなしで、きれいに見せることも可能です。

>> **住まいの顔 エントランスガーデン**
44 ページへ

門柱わきにつくられた小さな植え込みスペース。葉を楽しむカラフルな宿根草に一年草の華やかさをプラスして、お出迎えの場所をエレガントに演出

メインの庭で試してみたい3つのガーデンスタイル

スペース的にも恵まれているメインの庭では、使える宿根草の種類も多く、
さまざまなスタイルが実現できます。あなたが試してみたい庭のスタイルはどれでしょうか。

ボーダーガーデン風　»20ページへ

植物のフォルムや大きさ、花の形や大小、質感などを考慮して組み合わせ、それぞれの違いで見せるスタイルです。園路に沿った細長いスペースに植栽するのが基本ですが、植え込みスペースの奥行きを場所によって変えるといったアレンジも可能です。雰囲気を出すには、奥行き90cm、幅1.8m以上のスペースが必要です。

コテージガーデン風 »28ページへ

花が咲き乱れる草原を切り取って、庭にもってきたかのような、自由で開放感あふれるスタイルです。野草の面影を残した、腰の高さほどの草花を中心に組み合わせ、明るくさわやかな雰囲気を出します。植栽スペースは広いほうがよく、奥行きがとれない場合でも、幅は3mほどあるのが理想です。

ナチュラルガーデン風

ほどよく手の入った里山の風景さながらに、適度に日がさし込み、風が抜ける、木立の下を生かした落ち着いた雰囲気の庭です。木もれ日のさす木陰から日当たりのよい場所まで、それぞれの環境の違いを理解して、ふさわしい宿根草を植えつけます。庭をつくって数年たち、庭木が大きくなってきたときに挑戦するとよいでしょう。

»36ページへ

フォルムや大きさの違いで見せる
ボーダーガーデン風

宿根草の多彩なフォルムとテクスチャーを生かして、隣り合った場所には異なったタイプがくるように植えつけます。

背が高めで後ろが透ける花（タイプE 83ページ）を、あえて手前から中ほどに植えると、花越しにほかの草花が見えて変化が出る

最前列に植えたバーベナ・ボナリエンシス

POINT 1

隣り合う草花は、フォルム、テクスチャーの違うものを

いちばん手前には、横に広がる宿根草（タイプA 60ページ）や、開花期が長い背の低い一年草を。縁取りがきれいなら、花が少ない時期も見栄えがする

日なたでも日陰でも使えるアジュガ。春には花も楽しめる

フレンチマリーゴールド（一年草）は、寂しくなりがちな晩秋の彩りに

もっときれいに見せるには

ボーダーガーデンでは、前から後ろへ、順に高さの高い種類を植えますが、同じ高さの種類は、横一列に並べず、三角形に配置します。その間に高さの異なる種類を入れるようにすると、奥行きが感じられる庭になります。さらに、見る場所により、前後左右の草花との重なり具合が変わり、さまざまな風景が楽しめます。

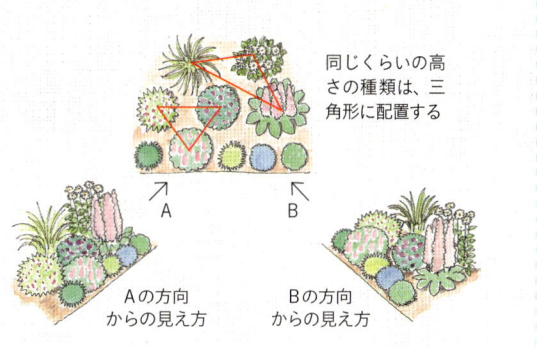

同じくらいの高さの種類は、三角形に配置する

Aの方向からの見え方　　Bの方向からの見え方

POINT 2
手前を低く、奥に行くほど高く

POINT 3
背景が人工物の場合は、落ち着いた色合いに

草丈の低いものから高いものの組み合わせを1グループとし、これを2〜3回繰り返すと、ボーダーガーデンらしいリズムが生まれる

組み合わせ方・選び方

手前から奥へと、草丈の高いものを配置するのが基本です。さらに、隣り合う宿根草は、フォルムやテクスチャーの違うものを選びます。こうすることで、それぞれの宿根草の個性が際立ち、また、見る角度や位置によって見え方が変わってきます。58ページからの「フォルム・草丈別宿根草選び図鑑」を参考にしてください。

配色のポイント

色彩まで多様にしてしまうと、違いばかりが目立って、乱雑な印象になりかねません。赤、黄、青といったテーマカラーを決めて、同系色でまとめるか、そこに補色をひとつ加える程度に抑えるのが効果的です。

開花時期の合わせ方

最初は、開花する宿根草の種類が多い初夏を中心に組み合わせを考えると、色合わせも難しくありません。このとき、開花期間の長い種類やリーフプランツをそれぞれ2種類程度入れておくと、初夏以外も楽しめます。108ページのリストを参考に、プランを立てるとよいでしょう。

慣れてきたら、秋咲きの宿根草を追加して、晩夏から秋に2回めの花のピークをもってくることも可能です。見ごたえのある風景にするには、花が終わった宿根草は切り戻してボリュームを小さくし、さらに、花つきのよい一年草を補植するとよいでしょう。

庭の中に狭めの園路を切り、左右に植栽スペースをとった花いっぱいの庭。これだけの広さの庭をきれいにしておけるのは、一年草に比べて手のかからない宿根草を中心に構成しているからです。

背の高いものは奥に
ボーダーガーデンでは、背の高いものは通路から見て奥に、通路側に向かって順に低いものを配置するのが基本

視線を奥へと導くアーチ
木の枝のアーチが空間を切り取るとともに、奥へと視線を導く。アーチが複数あることで、より遠近感が強調される。大きな木がない庭では、こうした構造物で奥行き感を出すのもよい

宙に浮かぶ花で軽やかさをプラス

植え込みの間から伸びるバーベナ・ボナリエンシスやムシトリナデシコの花は、少し前の晩春に咲いていたアリウムの代役。こんもり茂ったサントリナ（タイプB）などに、こうした後ろが透けるもの（タイプE）を組み合わせると、風景がなごみ、楽しい感じになる

日当たりのよい、石張りの園路に沿った場所は、乾燥を好む草花の絶好の植え場所。花期の長いエノテラが黄色い絨毯のように広がって、シルバーリーフのサントリナなどとともに、ボーダーの前面を明るく彩ります。

横に広がる（タイプA）
- ⓐ ラムズイヤー

こんもり茂る（タイプB）
- ⓑ エノテラ'レモン・ドロップ'
- ⓒ サントリナ

後ろが透ける（タイプE）
- ⓓ バーベナ・ボナリエンシス
- ⓔ ムシトリナデシコ（一年草）

ゆるやかな曲線（タイプF）
- ⓕ カレックス'エバーゴールド'

繰り返し植えてリズム感を出す

同じ植物を繰り返し植えるとボーダーガーデンらしいリズム感が生まれる。ここでは、ジギタリス、ゲラニウム、アルケミラなどがその役割を果たしている

植物をきれいに見せるレンガの園路

園路には落ち着いた色彩のレンガを並べ、植物との調和を図る。しっかりした足場があると、手入れもしやすい

同じ植物を互い違いに植えて視線を奥へ

左右の植栽スペースで位置をずらし、交互に植えたアルケミラやゲラニウム。園路の両サイドに植栽スペースがある場合は、こうした植え方をすると、花を追って視線が自然に奥へと導かれていく

横に広がる（タイプA）
- ⓐ ラミウム・マクラツム'ピンク・パール'

こんもり茂る（タイプB）
- ⓑ アルケミラ・モリス
- ⓒ ゲラニウム'ジョンソンズ・ブルー'

直線的なライン（タイプC）
- ⓓ リナリア・プルプレア
- ⓔ ジギタリス

茎の先に目立つ花（タイプD）
- ⓕ チャイブ
- ⓖ アリウム（球根植物）

ダークカラーで青花を引き立てる

オベリスクのクレマチス、銅葉のリグラリアなど、ダークカラーを加えて、奥行き感を出している。ダークカラーには、背景が緑の葉では目立ちにくい青い花々を浮き立たせる効果もある

大きな葉でアクセントを

繊細さだけでないパワーが感じられるのは、リグラリアやカシワバアジサイなどの大きな葉を加えているため

白とブルーの濃淡という、初夏にふさわしいさわやかな配色でまとめたコーナーです。清楚な花々がそこかしこから顔を出し、宿根草に加え、一年草や球根類もあって、じっと見ていても飽きがきません。

横に広がる（タイプA）
- a ゲンペイコギク
- b イベリス・センペルビレンス

こんもり茂る（タイプB）
- c リグラリア・デンタータ
- d ゲラニウム
- e オキザリス・デッペイ（球根植物）

直線的なライン（タイプC）
- f デルフィニウム
- g リナリア・プルプレア
- h ペンステモン'ハスカー・レッド'

茎の先に目立つ花（タイプD）
- i スカビオサ
- j アリウム（球根植物）
- k オルラヤ（一年草）
- l アンチューサ（一年草）

ゆるやかな曲線（タイプF）
- m ムラサキツユクサ

つるもの（タイプH）
- n クレマチス

その他
- o 白斑のサンゴミズキ（落葉低木）
- p カシワバアジサイ（落葉低木）

24

横に広がる（タイプA）
ⓐ エゴポディウム

こんもり茂る（タイプB）
ⓑ アスチルベ
ⓒ アルケミラ・モリス

直線的なライン（タイプC）
ⓓ リシマキア'ファイヤークラッカー'

ゆるやかな曲線（タイプF）
ⓔ ケマンソウ

個性的な草姿（タイプG）
ⓕ クサソテツ

その他
ⓖ アジサイ（落葉低木）

庭の中にオブジェを置く

アイアン製の椅子に置かれたネコのオブジェ。庭を見張っているかのようでほほ笑ましい。植物だけでなく、ちょっとしたものを置くことでイメージが膨らみ、庭にもストーリーが生まれる

季節の変化とともに風景が変わっていくのが、宿根草の庭の魅力のひとつ。晩春の今は葉が中心ですが、もう半月もしてアスチルベの花が咲き上がるころには、ケマンソウは役目を終え、アジサイのつぼみが色づき始めます。リシマキアの黄色い花も咲き出すでしょう。

色のコントラストで目を引く

若々しい緑色の葉と白い斑入り葉の組み合わせはさわやかだが、それだけでは単調になりがち。銅葉を加えると目が引きつけられる

フォルムの違いでいっそう際立てる

地面を這うように広がるエゴポディウムの中から、クサソテツが立ち上がるように組み合わせる。すると、独特の羽根を束ねたようなフォルムがさらに際立つ

平坦地では、夏に日陰になる場所で

アルケミラやクサソテツ、ケマンソウなどが、一年中日なたで機嫌よく育つのは、冷涼な地域だから。関東地方以西の平坦地では、夏の日陰が不可欠

鉢を利用して奥行き感を出す

左右の幅がかぎられている場所では、鉢を利用して高さを出すとよい。いろいろな植物が重なって見えるボーダーガーデンの効果が高まり、奥行き感が生まれ、広く感じられるようになる。鉢の高さの分高くなるので、草丈の低い草花も後方に使えるようになる

縦のラインでフェンスの印象を和らげる

直線的なラインが目立つジギタリスやペロフスキア（タイプC）、さらには斑入りのサンゴミズキなどを組み合わせると、フェンスの横のラインが放つ強い印象が弱まる

> ピンクのつるバラを絡ませた木のフェンスを背景に、白やピンクのバラも加えたボーダー風花壇。宿根草と低木の組み合わせなので、あまり手をかけずに、季節の変化が楽しめます。

横に広がる（タイプA）
- ⓐ ディコンドラ'シルバー・フォールズ'

こんもり茂る（タイプB）
- ⓑ ギボウシ
- ⓒ メギ'ローズ・グロー'（落葉低木）

直線的なライン（タイプC）
- ⓓ ジギタリス
- ⓔ ペロフスキア
- ⓕ ペンステモン'ハスカー・レッド'
- ⓖ リシマキア'ファイヤークラッカー'

後ろが透ける（タイプE）
- ⓗ 西洋オダマキ

ゆるやかな曲線（タイプF）
- ⓘ カレックス'エバーゴールド'

その他
- ⓙ 斑入りのサンゴミズキ（落葉低木）

植物の形と質感の組み合わせ方

ボーダーガーデンで大切な、フォルム（形）とテクスチャー（質感）の組み合わせ方を解説します。

パステル調のブルーやピンクの花色を基調に、フォルムとテクスチャー、さらには、濃紅色と白で変化をつけたコーナーを詳しく見ていきましょう。

ラッセルルピナス
大きな葉と直線的な花穂（タイプC）が、キャットミントのふんわりとした花の中から顔を出すことで強調される

キャットミント
小さな花と葉がこんもり茂り（タイプB）、周囲をやさしい雰囲気で包む

ヒゲナデシコ'ソーティ'
茎の先についた丸い花（タイプD）と、濃紅色の花色が植栽のアクセントに

ヘリオプシス'ローレン・サンシャイン'
白い網目状の斑入り葉が、植栽に変化をつけている。茎の先につける黄色い花もアクセントになる（タイプD）

質感の違いで見せる
白覆輪のギボウシと白花のアスチルベは、どちらもこんもり茂り（タイプB）、色とフォルムが共通する。ところが、マットな葉ともこもことした花で、質感がまるで違うので、組み合わせると、とても魅力的に見える。半日陰のコーナー

色彩のコントラストをより複雑に
輝くような黄金葉とシックな銅葉のコントラストが目を引く。低木を加えることで、フォルムやテクスチャーの幅が広がり、より複雑な変化が生まれている。手前の草花がやわらかさをプラス

やさしく花が咲き乱れる
コテージガーデン風

風にそよぐ草原の草花のイメージを大切にしつつ、乱雑な庭に見えないようにすることがポイントです。

POINT 2
アクセントとして、花の大きな種類を2〜3割加える

シャクヤク（タイプD）

POINT 1
開花期の重なる腰の高さほどの草花を組み合わせる

庭が広い場合は、ラバテラのように胸の高さくらいある種類を加えてもよい。ただし、多すぎるとうっとうしくなるので、全体の2割以内に抑える

POINT 3
一年草を加えると、庭が花で埋まる期間が長くなる

オルラヤ

一年草は苗から始めるのがおすすめ

　一年草は、庭に種を直接まいて育てる方法（直まき）もありますが、必要な株数の50〜100倍ほどの種が必要なので、最初は苗を購入するか、種から苗を育てて植えつけるのがおすすめです。庭が広く、たくさんの株数が必要な場合も、最初は少しの苗から始め、翌年以降、育った花から種を採って直まきするか、自然にこぼれた種から出る芽を利用するとよいでしょう。いずれの場合も、たくさん発芽した中から元気のよい苗を選んで残します。

向いているのは、パステル調の配色。ピンクと白のアストランティア、白のシレネ・ブルガリス、青紫色のリナリア・プルプレアなどでまとめた植栽

組み合わせ方・選び方

ベースには、草丈が腰の高さほどのものを使います。中心になるのは、後ろが透けるもの（タイプE 83ページ）ですが、小ぶりな花をたくさん咲かせるものや、茎が細く繊細なものなら、フォルムのタイプを選びません。

さらに、アクセントとして、花の大きな種類を2〜3割ほど加えます。茎の先に目立つ花をつけるもの（タイプD 76ページ）や、直線的なラインのもの（タイプC 70ページ）の中から、花が大きく、遠くからも目立つものを選びましょう。

ベース、アクセント、ともに開花期が重なるものを選ぶことが大切です。

配色のポイント

やさしい感じを大切にするため、パステルカラーの混色や、同じくパステルカラーの補色の組み合わせにします。鮮やかな色は、アクセントとして加える程度にしましょう。

植え方のポイント

規則的に植えたり、等間隔に植えたりすると、野原の雰囲気が出ません。わざとらしくならないように注意しながら、不規則に植えます。

宿根草にこだわらない

一年草を加えると、簡単に初夏と秋の2回、庭を花で埋めることができます。向いているのは、初夏はヤグルマギクやオルラヤ、アグロステンマ、秋はノゲイトウやキバナコスモスなど、背が高く、茎が細い種類です。

春に咲く一年草の花が終わったら抜き取り、秋咲き一年草の苗を補植します。好みや手間との兼ね合いですが、花壇の面積の1/3〜1/2くらい一年草が入っていると、花のピークが華やかになります。春咲きグラジオラスのような球根植物もおすすめです。

自然木のウィグワム（三角錐の支柱）などを置くと、植物だけでは散漫になりやすい風景をまとめることができる

POINT!
背景は生け垣や庭木など、自然な雰囲気のものがよい

通路との間に木の柵を立てたり、横に広がる種類（タイプA 60ページ）を植えたりして、植栽スペースとの境界を明確にすると乱雑に見えない

オベリスクで アクセントを

鉄製のオベリスクに、赤系のシックな色合いのハンショウヅルとスイートピーを絡ませ、平坦な庭にアクセントを添える

ハンショウヅル。釣り鐘形の花がうつむき加減に咲く日本原産のクレマチスの仲間。前年のつるに花をつける

エノテラ・オドラータ。香りのよい花を夕方から翌日の昼にかけて咲かせるツキミソウの仲間。丈夫で育てやすい

ゲラニウム・プラテンセ。初夏に淡いブルーの花を一度にたくさん咲かせる。暖地では夏は半日陰がよい

ふんわりとしたシルエットで 草原の雰囲気を出す

色彩だけでなく、草姿もコテージガーデンの大切な要素。右写真のようなふんわりとしたシルエットの宿根草や一年草をたくさん使うことで、草原の雰囲気が出る。写真のほかに、一年草のオルラヤやニゲラなどもふんわりタイプ

シノグロッサム。寒さに強い一年草で、ワスレナグサを大きくしたような青い小花を次々と咲かせる

ビスカリア。わずかな風にも揺れる一年草。水はけのよい場所を好み、パステル調の青、桃、赤、白の花色がある

開花期を合わせて 季節感を強調する

そろえたつもりでも、宿根草の開花時期は、その年の気候によって、少しずつずれることがある。1～2種類は花期の長い種類を選び、一年草を補うとよい。そこに花期の短い宿根草が加われば、季節感がいっそう出る。この庭のある高冷地では、デルフィニウムは大株に育ち、1か月ほど咲き続ける。関東地方以西の平坦地での見ごろは2週間ほどなので、代わりにガウラやチェリーセージなどを使うとよい

> 青を基調に、やわらかなピンクやクリームイエローを加え、パステル調の色合いでまとめた庭です。広く平坦なスペースは、コテージガーデンにぴったりで、周囲の木々も庭の雰囲気づくりにひと役買っています。

縁取りで風景を 引き締める

さまざまな草花が交じり合って咲くコテージガーデンでは、見た目が雑然としやすい。園路と植栽スペースの境に天然の平石を積んで、縁取りをはっきりさせると、風景が引き締まる

ベースの花
- a サルビア・プラテンシス
- b ベロニカ'クレーター・レイク・ブルー'
- c エノテラ・オドラータ
- d ゲラニウム・プラテンセ
- e オルラヤ（一年草）
- f ビスカリア（一年草）

アクセントの花
- g デルフィニウム（直線的なライン タイプC）

その他
- h スイートピー（一年草）
- i ハンショウヅル

植えつけ方の工夫でボリュームたっぷりに

狭いスペースに植物を詰め込んでボリュームを出すには、植えつけ方が重要。お互いが重なってもじゃまにならないように、草丈の高いオルラヤの横には、背の低いタマシャジンやクローバーというふうに、草丈や広がり方が違うものを組み合わせる

深紅のアクセントカラー

アクセントは、花色でもつけられる。パステル調の色彩の中で、ゲウムの赤花は、小さくても目立つ。大きな花のヒナゲシやデルフィニウムとは違い、後ろが透けるのが（タイプE）ちょうどよい

> 庭の中につくられた、比較的小さなコテージガーデン風の花壇です。狭いながらも十数種類の宿根草が植えられ、ボリュームたっぷり。白とピンクを基調としたパステルカラーと、ふんわりとした草姿がまるで砂糖菓子のようです。

リーフプランツで奥行き感を出す

コテージガーデンでもリーフプランツは使える。黄金葉などの派手な色彩よりも、白や黒のモノトーンに近い色合いがおすすめ。光と影を強調することで、自然な奥行き感が演出できる

パステルカラーを生かす白い花

数多くのピンクや淡いブルーの花々の間を埋めるかのように咲いているのが、一年草のオルラヤ。白い花が全体を包み込み、やさしい雰囲気にしている

ベースの花
- a サルビア・ネモローサ
- b リボングラス
- c 黒葉クローバー
- d ヒルザキツキミソウ
- e タマシャジン
- f サルビア・プラテンシス
- g オルラヤ（一年草）
- h スイセンノウ

アクセントの花
- i ゲウム（後ろが透ける タイプE）
- j デルフィニウム（直線的なライン タイプC）
- k ジギタリス（C）
- l ヒナゲシ（一年草）（茎の先に目立つ花 タイプD）

花の大きな宿根草を
アクセントに

シレネ・ディオイカや、こぼれ種で咲くオルラヤやモンツキヒナゲシなどがベースとなって庭を覆う。その中で、ルピナスやアヤメといった、花が目立つ宿根草が、よいアクセントとなっている

ベースの花
- a オルラヤ（一年草）
- b モンツキヒナゲシ（一年草）
- c シレネ・ディオイカ

アクセントの花
- d ラッセルルピナス（直線的なライン タイプC）
- e アヤメ（茎の先に目立つ花 タイプD）
- f ユーフォルビア・パルストリス（D）
- g オリエンタルポピー（D）

咲き乱れる花々と、その間を縫って奥へと導く小道は、まるでヨーロッパのお花畑にいるかのよう。自然な雰囲気があふれる庭です。

ビビッドな花は
白花でまとめる

紫や赤、オレンジといったビビッドな色どうしの組み合わせは、色がぶつかり合って落ち着かない。そんなときに役立つのが白い花。全体の3〜4割を白花にすると、まとまりやすくなる

パステルカラーで
コントラストを和らげる

加えた白花とビビッドな花色とのコントラストが強すぎる場合は、さらに同系色のパステルカラーを加えるとよい。ここでは、ピンクのシレネ・ディオイカを少し加えることで、庭全体のビビッドな雰囲気を損なうことなく、白と赤のコントラストを和らげている。小道の奥にも同じピンクをもってくることで、その先への期待感も高まる

開花期の長い宿根草をプラス

ベースが白一色では単調になりやすいので、ピンクのアザミや淡いブルーのゲラニウムなどの開花期の長い宿根草を加え、ベースに変化をつける

オルラヤを庭のベースに

この庭でもオルラヤが大活躍。5月から6月ごろまで開花し、しかも、さまざまな花色とも調和する、ほどよい大きさの白花なので、庭のベースに最適。次々と入れ替わるアクセントの花を引き立てる

次に咲くアクセントの花を用意しておく

宿根草の多くは開花期が短いので、アクセントとなる花も次に咲くものを用意しておくことが大切。6月上旬の今はデルフィニウムが満開だが、10日ほど前はルピナスが咲き誇っていた。あと半月もすれば、ユリのつぼみがほころび出し、ダリアのつぼみも見え始める

コテージガーデン風の庭では、野の風情をもつ花がベースとなりますが、アクセントとなる大きく目立つ花も欠かせません。オルラヤの白い花をベースに、6月上旬には、デルフィニウムのインパクトのある姿が、アクセントの役割を果たします。

ベースの花
- ⓐ オルラヤ（一年草）
- ⓑ アザミ
- ⓒ ゲラニウム

アクセントの花
- ⓓ ラッセルルピナス（直線的なライン タイプC）
- ⓔ デルフィニウム（C）
- ⓕ モモバギキョウ（C）
- ⓖ ダリア（球根植物）
- ⓗ ユリ（球根植物）

花の選び方・組み合わせ方

コテージガーデン風の庭では花が主役。その選び方、組み合わせ方のヒントを紹介します。

コテージガーデン風の庭でベースになるのは、高さが腰丈ほどで、花が小さめのものや、茎が細く繊細なものなどです。ベースの部分をじっくり見てみましょう。

モモバギキョウ
直線的なラインの宿根草(タイプC)ながら、茎が細く、花も小ぶりなのでベース向き

アザミ
茎の先に丸い花を咲かせる宿根草(タイプD)。組み合わせる相手によって、ベースにもアクセントにもなる

アグロステンマ
風にやさしく揺れる花が、コテージガーデンのベースにぴったりの一年草。こぼれ種でふえる

ヤグルマギク
性質が強く、ピンク、ローズ、白、青、紫と花色豊富なベース向きの一年草

濃色の小輪花を控えめなアクセントに
パステル調のやさしい色合いに、咲き始めの濃青色のアンチューサ・アズレアが軽いアクセントになっている。ふつうはアクセントには大きな花を使うが、濃色の花は小輪でも効果的。かえって自然な雰囲気になる

環境に合わせて自然な姿を楽しむ
明るく少し湿り気のあるこの場所で、機嫌よく育ち、ほどよく交じり合っているアスチルベとアストランティア。雰囲気の異なる花の中から、その場所の環境に合った種類を選んで組み合わせると、生き生きとした自然な姿を楽しむことができる

里山の風景がお手本
ナチュラルガーデン

自然そのものの再現ではなく、自然をイメージさせる庭です。木もれ日のさす木陰から日当たりのよい場所まで、それぞれの環境に合った宿根草を選んで組み合わせます。

その場所に合った草花だけを残す

ナチュラルガーデンでは、その場所の環境や風景に合った植物を植えつけることが、ほかの庭以上に大切です。とはいえ、最初から植物を厳選するのは難しいので、気に入った花はまず植えてみましょう。育ち具合や周囲との調和を見ながら、植え場所を変えたり、思いきって抜き取ったりしながら、調整していきます。

POINT 3
花ものは、四季折々の花を数種類ずつ入れる程度に

ところどころに、一年草を2～3株植えると、小さな華やぎが生まれる。自然な雰囲気を損なわないように、また周囲の宿根草との調和を考え、まとまった数は植えないこと

POINT 1
リーフプランツを主体に、暗い場所には明るい葉色を

ギボウシの横に、控えめな花色のパンジーを少量加えて、華やぎを

園路にはバークチップを敷く
のもよい。レンガなどよりも
自然な雰囲気になる。植栽ス
ペースとの境に、間伐や剪定
などでいらなくなった太枝を
置くとより自然な風景になる

落葉樹の下などには、クロッ
カスや早咲きのスイセンなど
植えっぱなしにできる小球根
を。花の少ない冬から早春の
彩りになる

**4月初め、ユキノシタ
の間から、バイモや
スイセンなどが顔を
のぞかせる**

POINT 2
隣り合う植物は、葉の形や
フォルムの異なる種類を

組み合わせ方・選び方

　宿根草のリーフプランツの分量を多くすると、落ち着いた雰囲気になります。とくに暗めの場所では、明るい斑入り葉や黄金葉を使うと、周囲が明るくなります。ただし、斑入り葉は、使いすぎるとうるさくなるので控えめに。奥行き感を出したいところには、銅葉のカラーリーフをピンポイントで使いましょう。

　空間を生かし、植物を詰め込みすぎないことも大切です。少ない株数や、花のない時期でも楽しめるように、隣り合った草花は、葉の形や全体のフォルムが異なるものを選んで組み合わせます。腰の高さより高い種類は、ポイント的に使うと効果的です。

　花ものは、四季折々の花を数種類ずつ入れる程度に抑えます。とくに直線的なライン（タイプC 70ページ）や茎の先に目立つ花（タイプD 76ページ）で、花が大きく派手な色のものは、控えるほうが雰囲気が壊れません。

配色のポイント

　花で埋めつくす庭ではないので、さほど花色にこだわる必要はありませんが、早春は黄色、春から初夏はピンク、秋はブルーというふうに、季節ごとにテーマカラーを決めるのもよいでしょう。明るい花色を基調にするのがおすすめです。

背景が大切

　木立の中をイメージした庭なので、ほかのスタイル以上に背景が重要です。樹木などの自然の緑を配置し、園路は森の中の小道のようなゆるやかな曲線にするとよいでしょう。さらに石畳や飛び石、自然石といったアイテムで、自然な風景をつくり上げます。自然素材のバードバスやえさ台なども、雰囲気づくりの小道具として使えるでしょう。

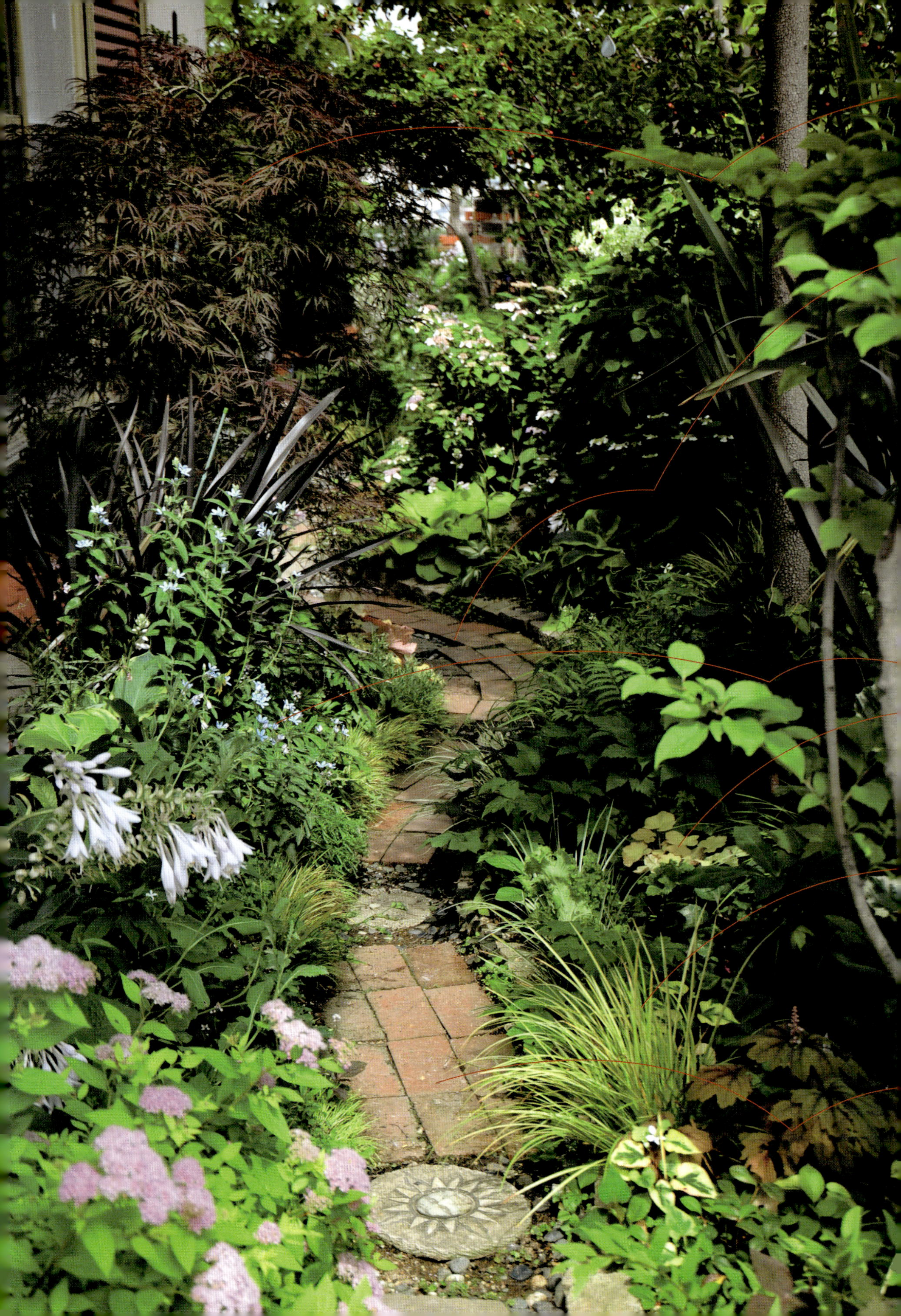

- **暗い色と明るい色を効果的に使う**

  明るい日なたには暗い色のブロンズカラー、反対に日陰には明るい黄緑色などのリーフプランツを部分的に配置すると、明るい場所にも暗い場所にも陰影が生まれ、植栽に深みが出る

- **視線を誘導するS字形の園路**

  大小のカーブをつけた園路は、歩みをゆるめさせ、足元の小さな植え込みに注意を向けさせる効果がある。大きなカーブの先は見通せないので、その先の風景への期待感も生まれる。さらに、実際よりも奥行きを深く感じさせる効果も見逃せない

> 住居に沿った、幅が狭く、奥に長い庭です。敷地の外周には、アオハダやハナミズキ、ジューンベリーなど多くの樹木を植え、森の中の小道のイメージを演出しています。木陰が多いこうした庭では、宿根草が大活躍します。

- ⓐ ヤブコウジ（常緑低木）
- ⓑ 五色ドクダミ
- ⓒ ヒューケラ'スイート・ティー'
- ⓓ 斑入りセキショウ
- ⓔ ヒューケラ
- ⓕ クリスマスローズ
- ⓖ シモツケ（落葉低木）
- ⓗ 黄金姫セキショウ
- ⓘ オキシペタルム
- ⓙ ニューサイラン
- ⓚ シダレモミジ（落葉低木）
- ⓛ ギボウシ
- ⓜ フウチソウ
- ⓝ カシワバアジサイ（落葉低木）
- ⓞ ジューンベリー（落葉低木）
- ⓟ ヤマアジサイ（落葉低木）

- **環境に合わせて植物を使い分ける**

  樹木が多い庭では、場所によって日当たりが大きく異なる。日当たりのよい建物側には、オキシペタルムなどの花もの、反対側の半日陰の場所には、ヒューケラなどのリーフプランツという具合に、好む環境を見極めて、上手に使い分ければ、多様な宿根草が楽しめる

- **フォルムの違いでお互いを引き立てる**

  花が少なくても、葉の形や草姿が異なるリーフプランツを組み合わせれば、見ごたえ十分。むしろナチュラル感が増す。ここでは、こんもり茂るオレンジ色のヒューケラ（タイプB）に、ゆるやかな曲線を描く黄金葉のセキショウ（タイプF）を合わせ、草姿に加え、色の違いでお互いを引き立てている

- **レンガとピンコロ石で植物を際立てる**

  園路に敷いた落ち着いた色調の赤レンガと縁取りのピンコロ石は、植物を際立たせるのに使いやすいアイテムのひとつ。斑入り葉や黄金葉のリーフプランツには、とくに効果的。園路の途中の丸い敷石もアクセントになっている

日本庭園を改造してナチュラルガーデンに

日本庭園のリフォームを考えているなら、ナチュラルガーデンがおすすめです。もともと日本庭園は風景の縮図なので、刈り込んで仕立てられた庭木の数を減らし、雑木と宿根草を追加すれば、比較的簡単に雰囲気が出ます。

視線を少し遮って奥行き感を出す

株立ち（株元から数本の幹が出ていること）になった雑木の幹や草花越しに、庭の奥が見え隠れすると、庭の広がりや奥行き感が出る。雑木の幹を隠さないように、ヒューケラやギボウシなど、丈の低い宿根草を中心に選ぶ

自然石の石組みの間に草花を植える

一見、無造作に置いたようにも見える石組みは、じつは自然に見えるように意図的に組んだもの。間に草花を植えると、ナチュラル感が増すばかりでなく、根が石に沿って深く張るので生育もよくなる

- a アスチルベ
- b ベロニカ・スピカータ
- c イベリス・センペルビレンス
- d キキョウ
- e エビネ
- f ヒューケラ
- g ギボウシ
- h モモバギキョウ
- i モミジ（落葉中高木）
- j アメリカテマリシモツケ'ディアボロ'（落葉低木）

タイル張りのテラスに続く、石組みと園路とからなるナチュラルガーデンです。株立ちのモミジが木陰をつくり、和洋の山野草を植えるのに適した場所となっています。

左ページと同じ庭の別の部分です。明るい芝生の庭へ向かう石畳の園路の両わきには、木々が枝を広げ、木もれ日がさすしっとりとした空間が広がっています。

- a シュウメイギク
- b リュウノヒゲ
- c クリスマスローズ
- d ギボウシ
- e ヘメロカリス
- f オオバジャノヒゲ'黒竜'
- g キキョウ
- h カンパニュラ
- i ツリバナ（落葉低木）
- j 姫イチゴノキ（常緑低木）
- k ビバーナム・ティヌス（常緑低木）

季節感のある雑木で庭をさらに魅力的に

ナチュラルガーデンでは、樹木も庭を構成する大切な要素。大きな庭石の際に植えられたツリバナは、春には新緑、秋にはユニークな果実と紅葉が美しい丈夫な雑木。こうした雑木を使うと、季節ごとの楽しみがさらに増す

花もので彩りを添える

リーフプランツだけの組み合わせも魅力的だが、彩りにほんの少し花を加えるのもおすすめ。ここでは、芝生との境の日当たりのよい場所に、キキョウやカンパニュラを植え、華やぎと季節感を出している

細部のフォルムと色彩のコントラストで見せる

リュウノヒゲの細いラインと、ギボウシやクリスマスローズの大きな葉。青白いギボウシと、黒い葉のオオバジャノヒゲ'黒竜'というように、全体的な株姿だけでなく、葉や花などの細部のフォルムと色彩の違いにこだわると、植栽に複雑な表情が生まれる

イメージを膨らませる

ナチュラルガーデンは、自然をイメージさせる庭。水鉢からの連想で、湿り気を好むプリムラやミズヒキ、水を連想させるアヤメやクサソテツなどを植えている。自然をお手本に、自分のイメージを膨らませることが大切

フォルムの違い、色彩のコントラストで印象深く

庭の中のポイントになる場所では、植物の組み合わせがとりわけ重要。スッキリと立ち上がる紫色のアヤメがひときわ目を引くのは、丸く広がるギボウシの葉と、オレンジイエローのプリムラがあるから。細かく切れ込んだクサソテツも、独特のフォルムで存在感をアピールしている

ほかの季節も楽しむために

宿根草には、夏や秋口まで生長を続けて、夏から秋に花を咲かせる種類もある。晩春から初夏に開花する種類と組み合わせておくと、秋にはまた違った趣となる。ここでも、クサソテツの葉陰に、夏から秋に咲くミズヒキや、秋に咲くホトトギスが控えている

芝生の中に敷いた飛び石、これが交わる場所に水鉢を置いて、周囲に植栽したコーナーです。こうしたナチュラルな場所をつくると、洋風の芝庭にもしっとりとした落ち着きが生まれます。

- **a** プリムラ・プレヤナ
- **b** ミズヒキ
- **c** ホトトギス
- **d** クサソテツ
- **e** アスチルベ
- **f** アヤメ
- **g** ギボウシ

ワンポイントレッスン

リーフプランツの組み合わせ方

ナチュラルガーデンでは、リーフプランツを多く利用します。その組み合わせのコツを紹介します。

少しの花と、数種類のリーフプランツが組み合わされた半日陰のコーナー。小さなスペースでも、いくつものテクニックが用いられています。

花は色数を絞ってすっきりと
少しだけ入れる花ものは、リーフプランツの色に合わせて色数を絞ると、落ち着いた雰囲気になる。カンパニュラ'サラストロ'とリナリア・プルプレアが、ギボウシの葉色にマッチしている

丸い葉には細い葉をプラス
丸い葉に、対照的なフォルムの細い葉（斑入りヤブラン）を組み合わせると、相違点によって、両者の個性が際立つ。明るい色彩と独特なテクスチャーも好対照となっている

似たフォルムを集めて目を引きつける
ギボウシ、ヒューケラ、ブルンネラと、同じような丸い葉ながら、葉色やテクスチャーが異なっているものを集めると、印象的な光景ができる。このように、同じタイプを集めるときは、異なる部分を意識して、バランスよく組み合わせるのがポイント

ユニークな草姿をさらに際立てる
群生しやすいクサソテツを単独で植え、地面を覆うように広がるアジュガと組み合わせると、独特のフォルムが引き立つ。ユニークな草姿をもつものは、このような単純な組み合わせが効果的な場合もある

住まいの顔
エントランスガーデン

門扉の横や玄関わきのスペースは、いつもきれいにしておきたい場所。一年草だけで演出する方法もありますが、宿根草を主体にすれば、あまり手がかからず、より変化のある植栽になります。

選び方・組み合わせ方の基本

エントランスを宿根草で、手をかけずにきれいに見せるには、環境を知って、ふさわしい種類を選ぶことが大切です。比較的狭くて乾燥しやすい場合が多いものの、日当たり具合は、向いている方角によって大きく異なります。

隣り合う植物は、草丈、フォルム、テクスチャーの異なるものを組み合わせます。

また、門扉のような芯になるものがない場合は、シンボルツリーなどの背の高いものがあると、敷地の境界であることがアピールできます。シンボルツリーが落葉樹の場合は、常緑の低木を添えると、冬も植栽の芯となります。

手をかけずにすますには

環境にぴったり合った丈夫な種類の中から、2〜3種類を選んで組み合わせます。少ない種類で変化を出すために、ヒューケラとニューサイランのように、色、フォルム、テクスチャーの変化が同時につくものを選びましょう。生長が早く、ほかの植物を圧倒するおそれのある種類は、頻繁な手入れが必要になるので避けます。

POINT 1
門扉などの芯となるものがない場合は、シンボルツリーを

POINT 2
少ない種類で、色やフォルム、テクスチャーの変化をできるだけつける

リーフプランツを主体にすると、手がかからずきれいな状態が保たれる。少なくとも1/2〜2/3は常緑のものを選ぶとよい

既存の植栽スペースでは、土に注意

既存の植栽スペースでは、土の下のほうに瓦礫や粘土が埋まっていることがよくあります。植えつけの前に確かめ、瓦礫は取り除いて土づくりをし（98ページ参照）、必要ならよい土と入れ替えましょう。

手をかけるなら

基本は、ボーダーガーデン風と変わりません。フォルムやテクスチャーを意識しながら、手前から後方にかけて、順に背が高くなるように配置します。配色も、テーマカラーを決め、同系色か補色でまとめます（20ページ参照）。

POINT 1
季節によって宿根草の姿が変わっても、印象が変わらないように、背景は常緑樹がおすすめ

POINT 2
フォルムやテクスチャーの違いを意識して、手前から低い順に植えつける

奥行きがなく、奥に向かって何段階も高さの違うものを植えられないときは、手前は低く、奥は高くと2段階の組み合わせにする

手前にはリーフプランツを植え、さらに一年草のスペースを設けて、シーズンごとに植え替えていくと、一年中見栄えのするエントランスガーデンになる

リーフプランツのラミウムとロータス・ヒルスツス'ブリムストーン'の後ろに、一年草のヒメハナビシソウ、一年草扱いのブラキカムなどを植えて、春らしく

フォルムやテクスチャーの違いを意識する

ボーダーガーデン風と同じように、隣り合う植物はフォルムやテクスチャーの異なるものを組み合わせる。ここでは、おもにこんもり茂るもの（タイプB）を使いながらも、葉が細かく切れ込んでさらさらしたもの（クサソテツやアスチルベ）と、大きな葉（ギボウシやヒューケラ）で、違いを出している

宿根草と低木で手間を省く

宿根草と低木を組み合わせているので、手入れはときどき混み合った部分を間引く程度。春から初夏まで、ヒューケラ、アスチルベ、そしてアメリカノリウツギと次々に花が咲き、秋には再びバラの花も。冬はクリスマスローズが足元を飾り、ヒューケラやラミウムが彩りを添える

低木とともに宿根草を植え込んだ、エントランスわきの半日陰のコーナー。壁沿いにはバラの大株も植えられています。

周囲と同系の色を加える

緑色の中に、園路や壁と同系の色をピンポイントで入れると、ほどよく目を引き、おしゃれ度がアップする

横に広がる（タイプA）
- ⓐ ラミウム・ガレオブドロン

こんもり茂る（タイプB）
- ⓑ ヒューケラ'キャラメル'
- ⓒ ヒューケラ'ライム・リッキー'
- ⓓ ギボウシ
- ⓔ クサソテツ
- ⓕ クジャクシダ
- ⓖ アスチルベ
- ⓗ クリスマスローズ

その他
- ⓘ アメリカノリウツギ（落葉低木）
- ⓙ バラ（落葉低木）

常緑樹で
いつもきれい＆手間なし

葉色が豊富で常緑、しかも乾燥に強いコニファーは、こうした場所にぴったり。年に数回姿を整える程度ですむので手間もかからない。同じく常緑の赤い葉色のメギに、ブルーグレーとゴールドの2種類のコニファーがよく似合っている

少ない植物で色や
フォルムの違いを出す

使っているのは5種類の植物だが、色の違いに加え、縦方向のラインにこんもり丸いフォルム、細かい葉に大きくつるんとした葉と、いくつもの対照的な要素を取り入れて、見せ場をつくっている

足元に宿根草を

メギの足元の空間を利用して、イベリス・センペルビレンスとギボウシを植栽。乾燥に強いイベリスは、こうした場所にぴったりで、メギの葉色とのコントラストもみごと。ギボウシは、このくらいの日陰であれば、乾燥にもある程度耐える

> 常緑樹と宿根草を組み合わせた、ほとんど手がかからない小さなエントランスガーデンです。

> 白い板塀を背景に、カラーリーフ主体に組み合わせた、手の込んだエントランスガーデンです。

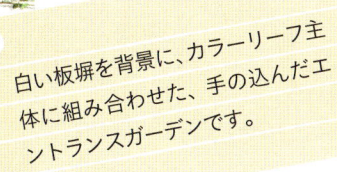

ニューサイランで
アクセントを

常緑で個性的なシルエットのニューサイランは、エントランスガーデンのアクセントにぴったり。観葉ベゴニアを添えて、エキゾチックなイメージを演出。ヒューケラなど前景のカラーリーフとの色のバランスもよい

通路側をにぎやかに

エントランスガーデンは、出迎えの庭。目につきやすい通路側を華やかにするとよい。明るい葉色のヒューケラ、ダークカラーのオキザリス・トリアングラリス（球根植物）、同じ花色の西洋オダマキの八重、オキザリスと対照的な白斑のグレコマなどが、にぎやかに彩る

日陰だからこそできる
シェードガーデン

一日に数時間しか日がささない場所で育つ一年草はわずかですが、宿根草なら元気に育つ種類がたくさんあります。上手に組み合わせて、日陰ならではの美しい庭をつくりましょう。

楽しめるのは半日陰か明るい日陰

宿根草は日陰にも対応できるとはいえ、日がまったくささず、一日中暗い場所で育つ種類はほとんどありません。しかし、一日に数時間は日がさす半日陰や、直射日光はささなくても白壁などの反射光が期待できる場所や、空がひらけている明るい日陰なら、育つ宿根草の種類は多く、さまざまな組み合わせが楽しめます。

選び方・組み合わせ方

まず、半日陰や明るい日陰を好む種類を選ぶことが大切です。明るい斑入り葉や黄金葉を利用したり、株姿の美しい種類を少なめに配置するなどして、明るく風通しのよい雰囲気づくりを心がけます。

明るい色のリーフプランツに、濃い緑葉を合わせてメリハリをつけると、花が少なくても見栄えがします。さらに、葉や株姿のフォルム、テクスチャーの違いをじゅうぶん意識して、隣には異なったものがくるように組み合わせます。

なお、背の高い種類をたくさん使うと重苦しくなるので、控えめにしましょう。

日陰では、背の高い植物を使うと圧迫感が出るが、代わりに、背の高いつぼや派手すぎない彫刻など、ポイントになるオブジェを置くと、重い雰囲気にならずに、植栽のボリュームを補うことができる

半日陰の花壇にオブジェを兼ねて置いた大型のコンテナ

POINT 1

リーフプランツを主体にし、明るい葉色と暗い葉色を組み合わせる

地面までは日が届かなくても、高い位置には日が当たっていることが多い。ラティスなどを設置して、クレマチスなど花の咲くつるものを誘引すると、花の季節には日陰を忘れさせる華やかな空間になる

POINT 2

葉や株姿のフォルム、テクスチャーに留意し、隣には違うタイプを

暗い日陰に植栽するなら

暗めの日陰で使えるのは、ヤブランやオモト、リュウノヒゲなどのかぎられた宿根草と、アオキやヤツデといった日陰に耐える常緑樹です。組み合わせのポイントは、半日陰と変わりません。日陰地では生育がゆっくりなので、初めからある程度の株数を植えるか、大きな株を植えるようにしましょう。

中斑のアオキとヤツデ'紬絞り'の株元を、濃緑色のツワブキで引き締める

明るい場所では花も楽しめる

日陰といっても明るさはさまざま。一日のうち数時間日がさす場所なら、タマシャジンのような花ものも使える

明るい葉色を濃い葉色で引き立てる

斑入り葉や黄金葉などの明るいリーフプランツは、濃い葉色の植物と組み合わせると、いっそう際立ち、花のない時期も楽しめる。ここでは、飛び石の周囲を覆ったアジュガが、左右の明るい色彩のリーフプランツを引き立てている

> 飛び石を敷いた、通路を兼ねたシェードガーデンです。向かって右側は木の陰になり、左側はもう少し日がさす場所です。

色をそろえて統一感を出す

フォルムとテクスチャーの異なるものを組み合わせるのが基本。このとき、覆輪のギボウシと、その向かい側にある同じ色調の斑入りヤブランのように、色をそろえると、まとまりのよい風景になる

- ⓐ 斑入りオノマンネングサ
- ⓑ ホトトギス
- ⓒ シロタエギク
- ⓓ 斑入りヤブラン
- ⓔ アンチューサ'タッセル・ブルー'（一年草）
- ⓕ アジュガ
- ⓖ ブルンネラ'ジャック・フロスト'
- ⓗ ギボウシ
- ⓘ タマシャジン
- ⓙ ミヤコワスレ
- ⓚ カシワバアジサイ（落葉低木）

- ⓐ スジギボウシ
- ⓑ ブルンネラ'ジャック・フロスト'
- ⓒ リシマキア・ヌンムラリア'オーレア'
- ⓓ ヒペリカム（常緑低木）
- ⓔ ティアレラ
- ⓕ アスチルベ
- ⓖ ミヤコワスレ
- ⓗ 斑入りヤブラン
- ⓘ オダマキ
- ⓙ ギボウシ'寒河江'
- ⓚ サラシナショウマ

大きな葉との コントラストで見せる

ギボウシの間には、オダマキなどの小さな葉や、細い葉の斑入りヤブランなどを植栽。ブルンネラを含めた大きな葉のグループとの対比が強調され、飽きない風景になる

木もれ日がさす庭の一角につくられた、ギボウシがメインのコーナー。ほかの宿根草との組み合わせ方がポイントです。

斑入りのスジギボウシで目立たせる

白の斑入り葉が目を引くスジギボウシを違う種類のギボウシとセットにして、手前と奥の2か所に配置。大きな丸い葉のかたまりがひときわ目を引き、この植栽のポイントとなっている

ギボウシを庭のメインに

ひと口にギボウシといっても品種によって葉の形や株姿、葉色やサイズもさまざま。とくにブルーグレーの丸い葉はギボウシならではのもの。大型品種の'寒河江（さがえ）'など、存在感の強いものもあり、ほかの宿根草と組み合わせれば、魅力的な庭になる

背の低い種類で すっきりと

狭い場所では、とりわけ明るく、すっきり見せることが大切。ひざ丈よりも背が低く、株姿の美しい種類を少なめに配置するとよい。クジャクシダの明るい葉色と、繊細で美しい株姿がひと役買っている。クジャクシダは、新芽や秋に黄色くなる葉も美しい

狭くても花も楽しめる

ギボウシは葉ばかりでなく、初夏から秋には花も楽しめる（種類により時季が異なる）。晩春に咲くオダマキなどと組み合わせておけば、狭いスペースでも、季節、季節で花が楽しめる

a オダマキ
b ファストヘデラ（常緑低木）
c シモツケ（落葉低木）
d クジャクシダ
e フウチソウ
f ギボウシ
g アジサイ（落葉低木）

狭い通路に飛び石を敷き、日陰を好む植物を集めたスペース。このような場所では、四角い飛び石が歩きやすく、しかも庭をすっきりと見せます。

構造物との
コントラストを意識する

フォルムとテクスチャーのコントラストは、植物どうしにかぎらない。ごつごつした石の壁に、ふんわりとしたピンクのアスチルベとシルバーカラーのニシキシダを合わせた例。対照的な色と質感がこの場所を魅力的なものにしている

色と形の違いで
引き立てる

切れ込みの入った赤褐色のヒューケラ'ピーチ・フランバ'、楕円形でシルバーのプルモナリア・ロンギフォリア'ダイアナ・クレア'、丸くゴールドのリングが入ったツワブキ'金環'と、色も葉の形も異なるリーフプランツを合わせた典型的な組み合わせ

> シェードガーデンでも、それぞれの植物の葉の色、形や質感に留意して組み合わせます。

少しの変化で植栽を
レベルアップ

斑入りや黄金葉のギボウシの中で目を引く、シルバーグリーンのプルモナリア・ロンギフォリア'サムライ'。形や大きさが似ていながら、色や質感の異なる植物を加えると、植栽の表情が豊かになる。背後のブロンズカラーが、全体をシックにまとめている

宿根草が大活躍
デッドスペース

フェンスや花壇の際、生け垣の下など、庭として使いにくい場所や、地面の露出が気になる場所も、宿根草をうまく使うと、手をあまりかけずにきれいに見せることができます。

選び方・組み合わせ方の基本

　デッドスペースの環境は、場所によりさまざまです。乾燥が激しかったり、土がかたく締まっていたりと、厳しい場合が多いので、その場所の環境を十分にチェックすることから始めましょう。そのうえで、環境に合った、丈夫な宿根草を選ぶことが大切です。

　選べる種類がどうしてもかぎられますが、できるだけ、フォルムやテクスチャー、色の異なるものを組み合わせて変化をつけるようにします。

軒下に植栽するには

　軒下は雨が当たりにくく、土もかたく締まっているので、乾きやすい反面、長雨時には、思いがけない場所から雨が流れ込むことがあります。そこで、土の乾湿の変化に耐える丈夫な種類の中から、日照条件に合うものを選びます。そばを人が通ってもじゃまにならないように、背が高くても横に広がらない種類を植栽のメインとし、対照的なフォルムのこんもり茂るもの（タイプB 64ページ）の中から、コンパクトにまとまるものを選んで組み合わせます。

植物だけでは、十分なボリュームが出ないことや、植えられる種類がかぎられることが多いので、つぼや敷き砂などで変化を出す

POINT 1
横に広がらず高さが出るものと、こんもりコンパクトに茂るものを合わせる

高さが出るもの (腰丈以下) を加えると、植栽に変化がつく。ジャーマンアイリスのように暴れずにコンパクトにまとまるものがよい

石垣の上を利用するには

　石垣の上は、概して水はけや日当たりはよいのですが、土の量が少なく、水不足になりやすい場所です。横に広がるもの（タイプA 60ページ）の中から乾燥に強いものを選んで上から垂らし、石垣を覆いましょう。石のすき間には、同じタイプAで、わずかな土でも育つゲンペイコギク、セダムやベンケイソウの仲間などを植えると、殺風景な風景に潤いが生まれます。

POINT 2
わずかなすき間には、横に広がり、土が少なくても育つ種類を

POINT 1
乾燥に強く、横に広がるものを植えて、石垣の上から垂らす

わずかな土でも育つミセバヤ（ベンケイソウの仲間）

必要に応じて土づくりや盛り土を

　デッドスペースは、もともと植物を植えることを想定した場所ではないため、土がかたく締まっている場合や、すぐ下にコンクリートの基礎が埋まっている場合があります。通常の土づくり（98ページ参照）ができない場合は、レンガなどで囲って少し盛り土をし、セダムなど少ない土で育つ種類を選んで植えるのもよいでしょう。

庭の植物との配色を考える

すぐ後ろが庭なので、庭の植物が映えるように配色を考える。ここでは、白いバラに合わせて白花と少しの黄花でコーディネート

> 敷地を囲うフェンスとアスファルトの道路との間のすき間を利用した植栽。土の乾燥や照り返しが問題になりやすい場所です。

狭い場所で使いやすいペロフスキア

茎がまっすぐで、高さのあるペロフスキアは、比較的狭い場所でボリューム感を出すのに重宝する。シルバーの直線的なラインも美しい

異なったフォルムで変化を出す

少し背が高く、ゆるやかな曲線を描くカレックス'エバーゴールド'（タイプF）を加えて変化を出す。さらさらとした葉の質感が、かたい石の印象を和らげる効果も

暑さと乾燥に耐える種類を選ぶ

ガウラ、サルビア・ネモローサ、ペロフスキアは、いずれも暑さや乾燥に強く、丈夫な宿根草。アルケミラ・モリスはこの写真の寒冷地では問題ないが、暖地ではこうした場所では夏に葉が傷む

> 土留めに積み上げた石の間を利用した植栽。日当たりはよいのですが、土が少ないので乾きやすい環境です。

横に広がり、少ない土で育つ丈夫な種類を

石を覆うように、横に広がるもの（タイプA）が向いている。ゲンペイコギクやミセバヤは、少ない土でも育ち、リシマキア・ヌンムラリアやタイムは、ほふくする茎から根を出し、わずかな石のすき間にも根を下ろして広がっていく

夏に乾燥が続く場合は

アジュガは、レンガのすき間のような、わずかな土にも根を下ろし、茎を伸ばして広がっていく。しかし、夏に乾燥が続くときには、さすがに耐えられないので、定期的な水やりが必要。それでも枯れ込むようなら切り戻すとよい

家の敷地際、隣家のコンクリートと、レンガ敷きスペースとの間のすき間です。こうした場所では、基礎に砕石が使われていて、水はけはよいものの、土が少ないことがよくあります。

日陰と土の乾湿の変化に強い種類を

こうした場所は日陰になりやすいので、ニシキシダやアジュガのように半日陰に耐え、土の乾湿の変化にも強いものが向いている

場所によって色を使い分ける

この場所は半日陰なので、明るい葉色のリシマキア・ヌンムラリア'オーレア'とヒペリカム（常緑低木）の黄金葉を利用。飛び石と枕木のかたい印象を和らげながら、周囲を明るくしている

丈夫で回復の早い種類を

横に広がるもの（タイプA）なら、枕木や石の間に入り込んですき間を埋めてくれる。多少踏まれても回復が早い、丈夫な種類がよい

傾斜地に設けられたステップ（階段）が、枕木から石に変わる部分。その際を利用した植栽です。

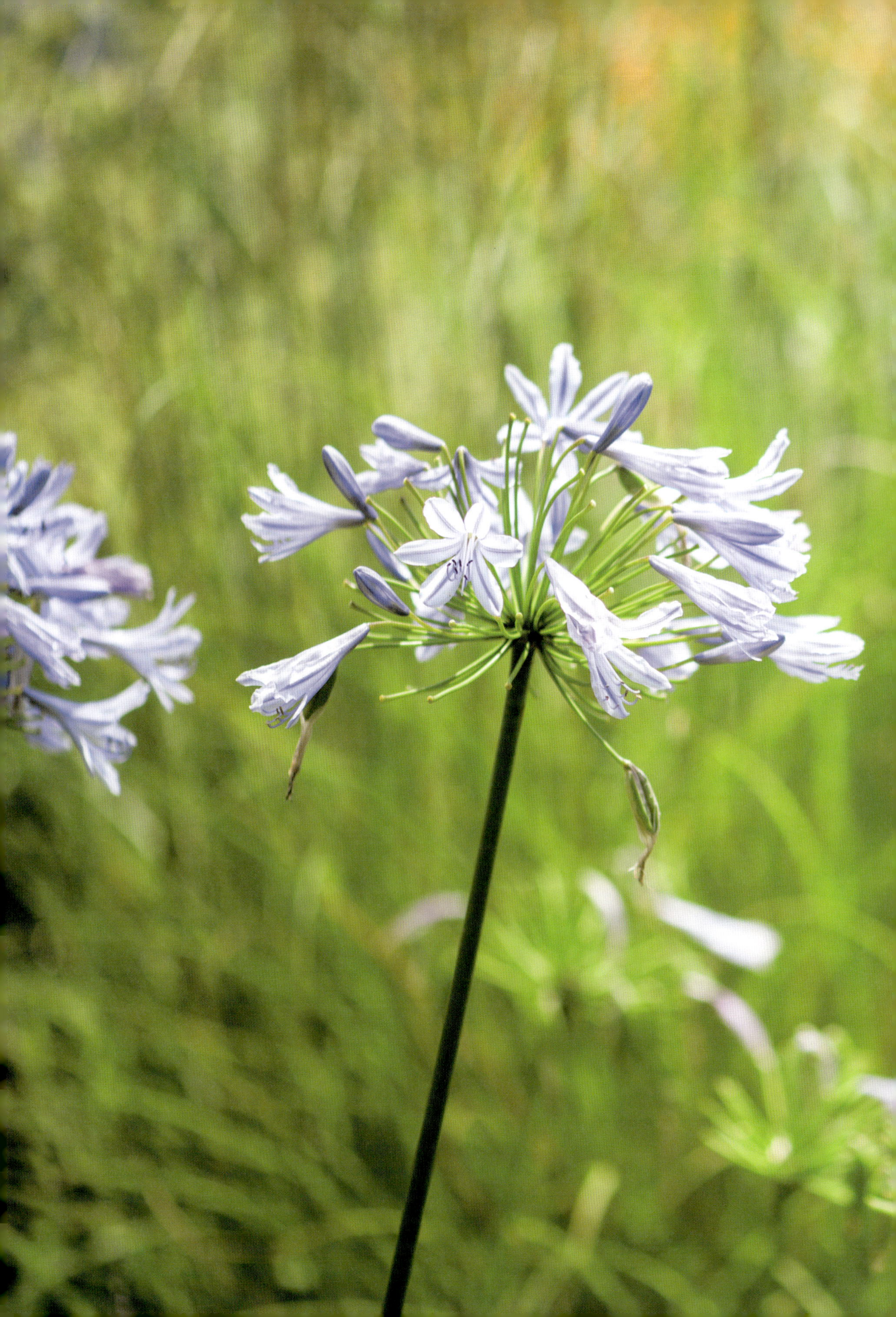

フォルム・草丈別
宿根草選び図鑑

宿根草をフォルム（形）によって分類し、さらに高さでも分けて紹介しています。
宿根草を選び、組み合わせるさいの参考にしてください。

<注>
- ●この宿根草のフォルムは、組み合わせの目安となるように、任意にグループ分けしたものです。気候や栽培方法によっても宿根草の姿は変わり、花が咲いているときと、葉だけになったときとでも、形の見え方は変わります。
- ●管理作業はとくに明記している場合を除き、関東地方以西の平坦地を基準としています。
- ●ここでいう平坦地とは、関東地方以西の平野部を指し、暖地とは、太平洋沿岸などの霜がほとんど降りない地域を指しています。

PART 2

図鑑の見方

常緑：冬も落葉せず、あまり姿が変わらない
半常緑：冬は地際から出た葉が地面に放射状に広がるか、環境しだいではきれいな状態で葉が残る
落葉：地上部が枯れて、地下で冬越しする

日照
日なた＝一日のうち半日以上日がさす場所
半日陰＝一日に数時間は日がさす場所。直射日光はささなくても、反射光などで一日中明るい場所も含む
日陰＝一日中ほとんど日がささず、反射光で明るい時間も半日程度しかない場所

土壌
乾き気味＝数日雨が続いても水たまりができず、雨が上がると半日程度で土の表面がさらりと乾く
適湿＝雨が降ると水たまりができるが、上がれば数時間で消える。逆に1週間ほど雨が降らなくても、土の中は湿っている
湿り気味＝雨が降りやんでも水たまりが残り、数日たっても土の表面が乾かない

耐暑性
強＝真夏日（最高気温が30℃以上）と熱帯夜（夜間の最低気温が25℃以上）が続いてもほとんど影響を受けない
普通＝真夏日には耐えるが、熱帯夜が続くと生育が衰える
弱＝真夏日が続くと生育が衰える。種類によっては、枯死することもある

耐寒性
強＝－10℃以下まで耐える
普通＝－5℃程度まで耐える
弱＝0℃程度なら株は傷むが冬越しできる

開花期、葉の観賞期の目安
（ ）内は、東海地方の該当月
早春＝ウメが満開のころ（2月中下旬〜）
春＝ソメイヨシノが散り、ヤエザクラが咲くころ（4月中旬〜）
晩春＝ハナショウブが咲きだすころ（5月下旬〜）
初夏＝アジサイが咲くころ（6月中旬〜）
夏＝キョウチクトウが咲き、アブラゼミが鳴きだすころ（7月中旬〜）
秋＝キンモクセイが咲くころ（10月上旬〜）
晩秋＝イチョウが色づき始めるころ（11月中旬〜）
冬＝サザンカが満開のころ（12月上旬〜）

草丈：順調に育った場合の開花時の草丈
株張り：適地に植えつけて、2〜3年後の株の広がり

TYPE A

横に広がる

ひざより低い草丈で、
地面を広く覆います。高いところから、
長く垂れ下がるものもあります。

低 ひざ丈以下

アジュガ　セイヨウキランソウ
Ajuga reptans
常緑　日照：日なた〜半日陰　土壌：適湿〜湿り気味
耐暑性：普通　耐寒性：強　葉の観賞期：周年
開花期：春　草丈：10〜20cm　株張り：20〜30cm

濃緑の葉が地面を覆い、寒さや強光線でブロンズ色に変わる。斑入り葉品種はやや暑さに弱いが、日ざしや寒さで斑がピンクを帯びて美しい。春にランナーを出して一面に広がるが、その後はあまりふえない。花も美しく、青のほか白やピンクもある。小型の'チョコレート・チップ'は小面積の花壇によい。

エゴポディウム　斑入りイワミツバ
Aegopodium podagraria 'Variegatum'
落葉　日照：日なた〜半日陰　土壌：適湿〜湿り気味
耐暑性：普通　耐寒性：強　葉の観賞期：春〜秋
開花期：初夏　草丈：20〜30cm　株張り：30cm

ミツバに似た明るい斑入りの葉を茂らせ、半日陰の庭を彩る。寒冷地では日なたでもよく育つ。やや湿った場所を好むが、丈夫で乾燥地以外で枯れることはまずない。湿り気が多いほど大型に育ち、地下茎で一面に広がる。ふえすぎたら地下茎ごと間引く。初夏に花茎を伸ばし、白い小花をまばらにつける。

ガザニア・ユニフロラ
Gazania rigens var. *uniflora*
常緑　日照：日なた　土壌：乾き気味〜適湿
耐暑性：強　耐寒性：普通　葉の観賞期：周年
開花期：春　草丈15cm　株張り：30cm以上

まっ白な毛に覆われた茎葉が、草丈低く広がるガザニアの一種。銀白色の株姿が一年中美しく、春には黄色い花も楽しめる。いったん根づけば乾燥に耐えるので、石垣の上などに植えると、垂れ下がってみごと。老化すると株元が蒸れて、枯れ上がりやすいので、枯れ葉を取り除いて切り戻すとよい。

低 ひざ丈以下

横に広がる

グレコマ　斑入りカキドオシ
Glechoma hederacea 'Variegata'
半常緑　日照：日なた〜半日陰　土壌：適湿〜湿り気味
耐暑性：強　耐寒性：強　葉の観賞期：春〜冬
開花期：春　草丈：10〜15cm　株張り：200cm以上
丈夫で生育が早く、地を這うように伸びる茎から根を出して、1年で1mも伸びる。冬には葉の白斑がピンク色を帯びて美しい。春にラベンダー色の小さな花を咲かせる。雑草化しないよう、伸びすぎた部分は適宜切る。夏に蒸れて枯れ上がってしまったら、株元まで切り戻すと新芽を吹いて、秋には復活する。

クローバー　トリフォリウム
Trifolium repens
半常緑　日照：日なた〜半日陰　土壌：適湿〜湿り気味
耐暑性：普通　耐寒性：強　葉の観賞期：周年
開花期：春〜初夏　草丈：10〜15cm　株張り：30cm以上
草丈低く地面を覆うグラウンドカバー。春秋は旺盛に茎を伸ばして、ふえ広がる。花は白またはローズピンクのボール状。寒冷地では日なたを好むが、平坦地ではやや半日陰のほうが夏越ししやすい。高温多湿に弱く、暖地では夏に半休眠して葉が枯れることがあるので、地面すれすれまで短く切り戻すとよい。

ゲンペイコギク　エリゲロン・カルビンスキアヌス
Erigeron karvinskianus
半常緑　日照：日なた〜半日陰　土壌：乾き気味〜適湿
耐暑性：強　耐寒性：普通　開花期：晩春〜秋
草丈：15〜30cm　株張り：30〜40cm
株は草丈低く広がり、白とピンクを帯びた花が同時に咲いて、二色咲きのように見える。強健で乾燥にも強く、わずかな石のすき間などに、こぼれ種から芽が出るほど。開花期が長いので、切り戻すタイミングに戸惑うが、伸びすぎたら適宜強く切り戻すとよい。しばらくするとわき芽が伸びて、再び花をつける。

ユキノシタ
Saxifraga stolonifera
常緑　日照：半日陰〜日陰　土壌：適湿〜湿り気味
耐暑性：普通　耐寒性：強　葉の観賞期：周年
開花期：初夏　草丈：15〜30cm　株張り：30cm以上
日本の山野に自生する宿根草のひとつで、古くから栽培される。丸い葉を地表に広げ、ほふく茎を伸ばしてふえ、初夏には細い花茎の先に、小さいながらも目立つ花を咲かせる。湿り気を好み、自生地では水が滴るような崖地に生える。空中湿度の高い環境であれば、わずかな土でも育つ。

低 ひざ丈以下

ツルハナシノブ
Phlox stolonifera
常緑　日照：半日陰　土壌：適湿〜湿り気味
耐暑性：普通　耐寒性：強　開花期：春
草丈：15〜20cm　株張り：30〜40cm

春にピンクや白、淡いブルーの花を咲かせ、初夏にはほふく茎を伸ばし、茎の途中から根を出して広がる。夏に乾く場所では弱りやすい。よく似た種類に、半常緑の葉が細くてやや草丈の高いフロックス・ディバリカータがあり、どちらも半日陰のナチュラルな雰囲気に似合う。

ビンカ・ミノール　ヒメツルニチニチソウ
Vinca minor
常緑　日照：日なた〜日陰　土壌：適湿〜湿り気味
耐暑性：強　耐寒性：強　葉の観賞期：周年
開花期：春　草丈：5〜10cm　株張り：20〜30cm

濃緑色のほか、鮮やかな黄斑、白覆輪などの葉や、青、紫、白などの花色の品種がある。丈夫で、水はけさえよければ土質を選ばず、グラウンドカバーに適している。より大型のツルニチニチソウ（ビンカ・マジョール）は、やや寒さに弱いが生育旺盛で、2m以上も茎を伸ばす。壁面の上から垂らすとよい。

フッキソウ
Pachysandra terminalis
常緑　日照：半日陰〜日陰　土壌：適湿〜湿り気味
耐暑性：強　耐寒性：強　葉の観賞期：周年
草丈：10〜15cm　株張り：20cm

一年中、濃緑色や明るい斑入りの葉を茂らせ、地下茎でゆっくりふえて、ほとんど手入れ不要。たいへん丈夫で、ほかの植物が育ちにくい、かなりの日陰にも耐える。逆に夏の直射日光下では葉色が悪くなり、生育もかんばしくない。植物学的には低木だが、園芸的には宿根草として扱われる。

五色ドクダミ
Houttuynia cordata 'Chameleon'
落葉　日照：日なた〜半日陰　土壌：適湿〜湿り気味
耐暑性：強　耐寒性：普通　葉の観賞期：春〜秋
開花期：初夏　草丈：20〜30cm　株張り：30cm以上

ドクダミの園芸品種で、葉に黄色やオレンジの不規則な斑が入る。強い日ざしに当たると、赤みが強くなって美しい。水分を好み、日ざしが十分であれば湿地でもよく育つ。逆に乾き気味であれば、直射日光がささないほうがよい。地下茎で広がるが、野生のドクダミほど旺盛ではないので雑草化しにくい。

低 ひざ丈以下

横に広がる

ラムズイヤー'シルバー・カーペット'
Stachys byzantina 'Silver Carpet'
半常緑　日照：日なた〜半日陰　土壌：乾き気味〜適湿
耐暑性：普通　耐寒性：強　葉の観賞期：春〜冬
開花期：晩春〜初夏　草丈：30〜40cm　株張り：30〜40cm
手触りのよい、白い綿毛に覆われた茎葉を地表に広げる。ほかの品種は、暖地では夏に蒸れやすく、花が咲いた後から枯れ込むことが多いが、この品種は大株になっても花数が少ないので比較的丈夫。梅雨どきには、混み合った部分を間引くようにする。株分けして、予備の苗をつくっておくとよい。

ラミウム　　左：マクラツム　右：ガレオブドロンの品種
Lamium
半常緑　日照：半日陰　土壌：適湿〜湿り気味
耐暑性：普通　耐寒性：強　葉の観賞期：春〜冬
開花期：春　草丈：10〜15cm　株張り：30cm
草丈低く、茎を伸ばして地面を這うように広がるグラウンドカバー。葉にさまざまな地模様や斑の入る園芸品種があり、日陰の植栽に重宝する。マクラツムの花色は、ローズのほか、白、パールピンクもある。暖地では夏に蒸れて枯れることがある。ガレオブドロンは強健で暑さにも強いが、雑草化しやすい。

リシマキア'ミッドナイト・サン'
Lysimachia congestiflora 'Midnight Sun'
常緑　日照：日なた〜半日陰　土壌：適湿〜湿り気味
耐暑性：強　耐寒性：強　葉の観賞期：周年
開花期：初夏　草丈：5〜10cm　株張り40〜50cm
小さなブロンズ色の葉が地面を這うように密生して広がる、比較的新しく紹介されたリシマキア。暑さ寒さに強く、極端な乾燥地でなければ、石垣の上にも広がるほど丈夫で生育が早い。周年葉を観賞できるほか、初夏には星形の黄色い花が株一面に咲く。伸びすぎたら適宜刈り込む。

ユーフォルビア・キパリッシアス　マツバトウダイ
Euphorbia cyparissias
落葉　日照：日なた〜半日陰　土壌：乾き気味〜適湿
耐暑性：普通　耐寒性：強　開花期：春
葉の観賞期：春〜秋　草丈：10〜15cm　株張り：30cm
きゃしゃな外見に似合わず丈夫。水はけのよい場所を好み、細い地下茎を伸ばして、狭い石のすき間にも入り込む。寒冷地では花殻がきれいに残るが、平坦地では枯れて見苦しくなるので、花後に花茎ごと軽く刈り込む。新芽や花色が赤みを帯びる園芸品種もある。秋に黄色く色づく葉も美しい。

TYPE B
こんもり茂る

全体的に丸くこんもりしたシルエット。
株の形に沿って花を咲かせるものや、
花茎が飛び出すものなど、さまざまです。

低 ひざ丈以下

アサギリソウ
Artemisia schmidtiana
落葉　日照：日なた〜半日陰　土壌：乾き気味〜適湿
耐暑性：普通　耐寒性：強　葉の観賞期：春〜秋
草丈：10〜25cm　株張り：10〜30cm

ふんわりした銀色の葉をもつカラーリーフ。高温多湿を嫌うので、水はけと風通しのよい場所に。寒冷地以外では、夏は午後に日陰になる場所がよい。間のびしやすく、伸びたら切り戻すと、コンパクトに形よくまとまる。暖地では梅雨どきに下葉から腐りやすいので、梅雨入り前に切り戻す。

イトバハルシャギク　コレオプシス・バーティシラータ
Coreopsis verticillata
落葉　日照：日なた　土壌：適湿
耐暑性：強　耐寒性：強　開花期：晩春〜夏
草丈：20〜30cm　株張り：30〜40cm

繊細な細い葉の上に、シンプルな黄色やクリーム色の花を咲かせる丈夫な種類。地下茎で広がり、密な株立ちになる。開花期は1か月ほどだが、花後に軽く切り戻すと、伸び出したわき芽に再び花をつける。植えつけ後4〜5年して、株が混み合ってくると勢いが弱まるので、株分けするとよい。

アルケミラ・モリス　レディスマントル
Alchemilla mollis
落葉　日照：日なた〜半日陰　土壌：適湿〜湿り気味
耐暑性：弱　耐寒性：強　葉の観賞期：春〜秋
開花期：初夏　草丈：25〜50cm　株張り：25〜40cm

丸い葉をドーム状に茂らせ、雨や朝露が水滴となってつく様子に風情がある。初夏に黄緑色の小花をたくさん咲かせ、やさしい雰囲気でほかの花を引き立てる。寒冷地では極めて丈夫だが、平坦地では半日陰が適し、暑い時季は半休眠となるので、花後は強く切り戻して蒸れを防ぐ。秋には再び新葉を広げる。

低 ひざ丈以下

こんもり茂る

ツワブキ
Farfugium japonicum
常緑　日照：日なた〜日陰　土壌：乾き気味〜湿り気味
耐暑性：強　耐寒性：普通　葉の観賞期：周年
開花期：初冬　草丈：40〜70cm　株張り：40〜50cm

海岸部に広く自生し、年中つややかな丸い葉を茂らせる。日なたから日陰、乾燥地から湿り気味の場所まで植栽できる丈夫な種類。花色の変化には乏しいが、さまざまな斑入りや変わった葉形の園芸品種がある。寒さにも耐えるが、本来温暖な気候を好むので、寒冷地では冬に落葉することがある。

キャットミント
Nepeta × faassenii
落葉　日照：日なた　土壌：乾き気味〜適湿
耐暑性：強　耐寒性：強　開花期：初夏〜夏
草丈：30〜40cm　株張り：40〜60cm

香りのよい灰緑色の葉と明るいブルーの花の取り合わせがすばらしく、ハーブとしての人気も高い。短い地下茎を広げて株立ちになる。日当たりと水はけがよければ、まず枯れない。花後は倒れやすいので、地際で刈り込むとよい。平坦地では初夏に一度開花するだけだが、寒冷地では初秋まで繰り返し咲く。

ニシキシダ
Athyrium niponicum var. *pictum*
落葉　日照：半日陰〜日陰　土壌：適湿
耐暑性：強　耐寒性：強　葉の観賞期：春〜秋
草丈：30〜40cm　株張り：30〜40cm

華やかで美しい葉をもつシダで、グリーンやブロンズ、ピンクがかるブラウンを基調に、シルバーの紋様が入る園芸品種（写真）がある。夏以外は直射日光に当てても枯れ込むことはないが、日ざしが強いと葉色がくすむ。日陰にも耐えるが、半日陰の水はけのよい適湿地でよく育つ。

プルモナリア・ロンギフォリア
Pulmonaria longifolia
常緑　日照：半日陰　土壌：適湿
耐暑性：普通　耐寒性：強　葉の観賞期：春〜秋
開花期：春　草丈：15〜20cm　株張り：30cm

葉色はグリーンにシルバーの斑点が入るものや、全体にシルバーがかるものがある。春に咲く花は、濃いブルーにピンクのぼかしの入るものが多く、山野草的な魅力がある。一般種は高温多湿が苦手で寒冷地向きだが、このロンギフォリア系の品種は丈夫で、平坦地でもじゅうぶん利用できる。

低 ひざ丈以下

ヒューケラ
Heuchera

半常緑　日照：半日陰～日陰　土壌：適湿
耐暑性：普通　耐寒性：強　葉の観賞期：春～冬
開花期：春～初夏　草丈：25～50cm　株張り：30cm

緑がかったシルバー、ブロンズ、プラム、ゴールドなどさまざまな葉色の品種がある。丸みを帯びた葉をこんもりと茂らせ、春から初夏にかけて白やピンクの花を多数咲かせる。高温多湿や極端な乾燥は苦手なので、水はけのよい場所に植える。秋から春までは日なたでもよいが、夏は半日陰で涼しく。

ヒューケレラ
× *Heucherella*

ヒューケラとティアレラの交配種で、切れ込みの深い葉形や葉脈に沿った褐色の地模様が特徴。開花はヒューケラより2週間ほど早い。

ドイツスズラン
Convallaria majalis

落葉　日照：半日陰　土壌：適湿～湿り気味
耐暑性：普通　耐寒性：強　開花期：春
草丈：15～25cm　株張り：20cm

スズランの近縁種で、ヨーロッパ原産。スズランとして出回るものの多くはこの種類。丈夫で地面浅くに地下茎を広げ、楕円形の葉と香りのよい釣り鐘形の花をつける。生育はゆっくりで、数年で株立ちになる。乾燥する場所では夏に葉が枯れやすく、翌年の花つきが悪くなるので、マルチングや水やりを。

イソギク
Dendranthema pacificum

常緑　日照：日なた　土壌：乾き気味～適湿
耐暑性：強　耐寒性：強　開花期：晩秋
草丈：20～30cm　株張り：40cm

晩秋の庭を彩る数少ない花。地際から枝分かれし、自然に半球形に育つ。葉は肉厚で、葉裏の灰緑色と表の緑色とのコントラストが美しく、白毛の縁取りも魅力。霜の降りた朝などはたいへん美しい。丈夫で暑さにも強く、一度根づくと乾燥にも耐える。水はけのよい場所に植え、春先に地際まで切り戻す。

低　ひざ丈以下

ロータス・ヒルスツス
Lotus hirsutus（Dorycnium hirsutum）
常緑　日照：日なた　土壌：乾き気味〜適湿
耐暑性：強　耐寒性：普通　葉の観賞期：周年
草丈：30〜50cm　株張り：30〜40cm

水はけのよい場所であればほとんど手がかからず、形よく育つ。ボーダーやエントランスの縁取りに最適。新芽がクリーム色の園芸品種'ブリムストーン'（写真）がよく流通する。あまり大株になると、梅雨どきなどに株の中が蒸れて枯れ込むことがあるので、適宜切り戻しを。1か月ほどで新芽が伸びてくる。

クリスマスローズ
Helleborus × hybridus
常緑　日照：半日陰　土壌：適湿
耐暑性：普通　耐寒性：強　開花期：冬〜春
草丈：25〜50cm　株張り：40〜50cm

花の少ない冬に、白、桃、赤、黒などの花を咲かせる。いくつもの原種や交配種があるが、丈夫で育てやすいのはオリエンタリス系の交配種。過湿を嫌うので、水はけのよい場所に植える。夏は半休眠状態となり、秋から急に新芽や花芽が充実し始めるため、植え替えや株分けは花後すぐか秋に。

中　腰丈以下

コギク
Chrysanthemum × morifolium
落葉　日照：日なた　土壌：適湿
耐暑性：強　耐寒性：強　開花期：秋
草丈：40〜90cm　株張り：40〜60cm

日本全国で栽培できる丈夫な種類。青以外はほとんどの花色があり、早咲き品種は初夏から咲き始めるが、一般的には秋の花。品種によっては自然にこんもり茂るが、普通は春に伸びた芽を数回摘芯して枝分かれさせ、株いっぱいに花をつけさせる。よくふえるので、毎年株分けしたほうが生育がよい。

アスチルベ
Astilbe
落葉　日照：半日陰　土壌：適湿〜湿り気味
耐暑性：普通　耐寒性：強　開花期：春〜初夏
草丈：40〜80cm　株張り：30〜40cm

白やピンク、ローズ色のやわらかな質感の花を初夏に咲かせる。性質が強く、夏の直射日光で葉が焼けて枯れても、翌春には再び新芽を伸ばして開花する。空中湿度の高い半日陰でよく育ち、秋まで葉が残れば、翌年の開花はみごと。株が混み合って元気がなくなってきたら、秋に株分けする。

こんもり茂る

中　腰丈以下

ガイラルディア

Gaillardia × grandiflora

半常緑　日照：日なた　土壌：乾き気味～適湿
耐暑性：普通　耐寒性：普通　開花期：晩春～夏
草丈：30～60cm　株張り：30～40cm

春から夏まで、黄色に赤褐色の蛇の目模様の花を、次々と咲かせる。黄色や赤一色の品種もある。丈夫で水はけと日当たりのよい場所を好む。肥料を施しすぎると茎葉ばかり茂って軟弱に育ち、花つきも悪くなる。常に花殻を摘み取り、伸びすぎたら適宜切り戻してやるのが、長期間花を咲かせるコツ。

アルテミシア'ポイズ・キャッスル'

Artemisia 'Powis Castle'

半常緑　日照：日なた　土壌：乾き気味～適湿
耐暑性：強　耐寒性：普通　葉の観賞期：春～秋
草丈：30～60cm　株張り：30～50cm

灰緑色の繊細な葉をつけるヨモギの仲間。自然に枝分かれしてドーム形に茂り、ボーダーなどのアクセントによい。普段は伸びすぎた部分を切る程度でよいが、梅雨どきには株の中心部が蒸れやすいので、茎葉を間引いたり、軽く切り戻したりする。冬に木質化した茎を地際で切ると、コンパクトに育てられる。

ギボウシ　ホスタ

Hosta

落葉　日照：半日陰～日陰　土壌：適湿～湿り気味
耐暑性：普通　耐寒性：強　葉の観賞期：春～秋
開花期：初夏～秋　草丈：40～150cm　株張り：30～60cm

日本を代表する園芸植物のひとつで、極寒地以外、全国どこでも栽培できる。丈夫で、半日陰の適湿地であれば、土質を選ばず、長年放任してもよく育つ。花色は白から淡い紫が大半で、八重咲きや香りのある品種もあり、葉の形や色、斑のバリエーションの豊富さとともに選択に困るほど。

中 腰丈以下

コンギク
Aster ageratoides var. *ovatus*
落葉　日照：日なた　土壌：適湿
耐暑性：強　耐寒性：強　開花期：秋
草丈：40〜60cm　株張り：40cm

野生のノコンギクから花色の濃いものを選抜したもので、キクよりも繊細で自然な雰囲気がある。丈夫で育てやすく、日なたを好むが、地際が乾くと生育がよくない。ほかの花と混植してもじゃまにならず、多少の半日陰ならほどよく開花する。ナチュラルガーデンやコテージガーデンにおすすめ。

チェリーセージ
Salvia microphylla（*S. greggii*, *S.* × *jamensis*）
半常緑　日照：日なた　土壌：乾き気味〜適湿
耐暑性：強　耐寒性：普通　開花期：晩春〜晩秋
草丈：30〜70cm　株張り：30〜40cm

本来はサルビア・ミクロフィラを指すが、よく似たグレッギー、ヤメンシス、類似する交配種も含めてこの名で呼ばれる。赤、ローズ、白、紫などの花色があり、長期間にわたって花を咲かせる。暖地では低木状に育って1.5m近くなることもあるが、冬に地際まで切り戻すと、コンパクトにまとまる。

高 腰丈以上

リグラリア・デンタータ　マルバダケブキ
Ligularia dentata
落葉　日照：日なた〜半日陰　土壌：適湿〜湿り気味
耐暑性：普通　耐寒性：強　葉の観賞期：春〜秋
開花期：初夏　草丈：80〜100cm　株張り：40cm

フキに似た草姿で、初夏に黄色い目立つ花を咲かせる。庭では葉が赤銅色の園芸品種（写真）が利用される。ナチュラルガーデンに植えると、落ち着いた葉色がほかの草花を引き立てる。品種により多少差があるが、平坦地では暑さのため葉色があせやすい。寒冷地では、秋まで美しい葉が楽しめる。

ユーフォルビア・ウルフェニー
Euphorbia characias ssp. *wulfenii*
半常緑　日照：日なた〜半日陰　土壌：適湿　耐暑性：強
耐寒性：強　開花期：晩春〜初夏　葉の観賞期：春〜秋
草丈：60〜120cm　株張り：40〜50cm

黄緑色の花が丸く集まって咲き始め、やがて花茎が伸びて円筒状に変わる。一風変わった花で、灰緑色の葉も観賞価値が高い。水はけのよい場所を好む。ユーフォルビアの仲間は、ほかにも葉色や外見の異なる多くの種類があり、リーフプランツとしての利用がふえているが、性質は似ている。

こんもり茂る

TYPE C
直線的なライン

いくつもの花穂が、まっすぐ上や斜め上方に向かって伸び上がり、縦のラインが目を引きます。

中 腰丈以下

サルビア・ネモローサ
Salvia nemorosa
落葉　日照：日なた　土壌：適湿
耐暑性：普通　耐寒性：強　開花期：晩春〜初夏
草丈：30〜60cm　株張り：30cm

株立ちになり、たくさんの花穂をいっせいに伸ばして、紫、青、桃、白の花を咲かせる。初夏のボーダーに1株あると、花どきは目を引く。水はけのよい場所を好む。高温多湿は苦手なので、花後は花茎を切り取り、風通しをよくするとよい。植えつけ時は、株間を30cmほどあける。

ベロニカ・スピカータ
Veronica spicata
落葉　日照：日なた〜半日陰　土壌：適湿
耐暑性：普通　耐寒性：強　開花期：初夏
草丈：30〜60cm　株張り：30〜40cm

草丈30cmにも満たない矮性種から、60cmを超える高性種まである。花色は青、ピンク、白など。日当たりと水はけのよい場所に向く。真夏はやや暑がるので、花後すぐに半分の高さに切り戻して蒸れを防ぐ。寒冷地では二番花が咲くこともある。よく似たベロニカ・ロンギフォリアも同じように育てられる。

ペンステモン'ハスカー・レッド'
Penstemon digitalis 'Husker Red'
半常緑　日照：日なた〜半日陰　土壌：適湿
耐暑性：強　耐寒性：強　開花期：晩春〜初夏
草丈：70〜90cm　株張り：40cm

丈夫で育てやすく、暖地でも大株になる。新芽や茎が赤みを帯びるので、カラーリーフとしても利用できるが、株によって葉色の濃淡があるので、購入時には注意する。白い花と組み合わせると、葉色とのコントラストが美しい。2〜3年を目安に株分けして、更新するのが長く栽培するコツ。

| 中 | 腰丈以下 |

シラン
Bletilla striata
落葉　日照：半日陰　土壌：適湿〜湿り気味
耐暑性：強　耐寒性：強　開花期：春
草丈：40〜60cm　株張り：30cm

ランの中ではもっとも丈夫で花つきもよく、花後の葉も美しいため、グラウンドカバーにも使われる。花色は、ピンクの濃淡や白、淡い水色などがあり、斑入り葉の品種もある。適湿地を好み、乾燥がひどいと夏に葉が枯れ込むが、マルチングして十分に水やりすれば、翌年には再生して花を咲かせる。

ペルシカリア・アンプレキシカウリス
Persicaria amplexicaulis
落葉　日照：日なた〜半日陰　土壌：適湿
耐暑性：普通　耐寒性：強　開花期：夏〜秋
草丈：30〜60cm　株張り：40cm

卵形のみずみずしい緑色の葉を茂らせ、夏から秋にかけてローズピンクの花穂を次々と伸ばす。野草の雰囲気が強く、コテージガーデンやナチュラルガーデンによく似合う。開花期が長く、丈夫で栽培しやすい。肥料が多いと葉が茂りすぎるので、元肥以外は無肥料でよい。

ミソハギ
Lythrum anceps
落葉　日照：日なた〜半日陰　土壌：適湿〜湿り気味
耐暑性：強　耐寒性：強　開花期：初夏〜夏
草丈：50〜70cm　株張り：30〜40cm

まっすぐに伸びた細い花茎に、赤紫色の素朴な花を咲かせる。野趣豊かな姿がナチュラルな庭に似合う。丈夫で暑さ寒さに強く、開花期も長い。日なたの湿原や、水分の多い場所を好むが、乾燥させなければ普通の庭でも十分に育つ。伸びすぎたら随時切り戻す。近縁のエゾミソハギも同様に利用できる。

ホトトギス
Tricyrtis hirta
落葉　日照：半日陰〜日陰　土壌：適湿〜湿り気味
耐暑性：普通　耐寒性：強　開花期：秋
草丈：30〜70cm　株張り：30cm

すっと伸びた茎に、斑点のあるユニークな花をたくさん咲かせ、ナチュラルな庭によく似合う。白花もある。空中湿度の高い、湿った場所を好む。性質は強いが、夏の直射日光下では葉焼けしやすい。別種の青みの強い花をつけるタイワンホトトギスや、その交配種はとくに丈夫で育てやすい。

直線的なライン

中　腰丈以下

リナリア・プルプレア
Linaria purpurea
半常緑　日照：日なた　土壌：乾き気味〜適湿
耐暑性：普通　耐寒性：強　開花期：春〜初夏
草丈：50〜60cm　株張り：30cm

やや乾いた場所を好み、紫、ピンク、白などの花色がある。1株だけでは寂しく、数株ずつまとめて植えるとボリュームが出る。開花期間が長く、結実させると次の花が遅れるので、花後は草丈の半分ほどで切り戻す。比較的寿命が短いが、こぼれ種から新しい苗が育つので、随時、株を更新するとよい。

ラッセルルピナス
Lupinus polyphyllus Hybrid
半常緑　日照：日なた　土壌：乾き気味〜適湿
耐暑性：弱　耐寒性：強　開花期：晩春〜初夏
草丈：50〜80cm　株張り：50cm

太い花茎を伸ばし、青、桃、白、黄色の花が密集して咲く。花壇の主役になる花で、とくに花色ごとに群植すると迫力がある。暑さに弱く、大株になると夏に枯れやすいため、暖地では一年草のように扱われる。暖地で立派な花を楽しむには、冬になる前に苗を植えつけ、花の時季までにしっかり根を張らせる。

ロベリア・カージナリス　ベニバナサワギキョウ
Lobelia cardinalis
落葉　日照：日なた〜半日陰　土壌：適湿〜湿り気味
耐暑性：普通　耐寒性：強　開花期：初夏
草丈：50〜80cm　株張り：30〜40cm

まっすぐに伸びた茎に赤い花を穂状につける。冷涼な気候と湿り気のある土を好み、暖地では半日陰に植えるほうが夏越ししやすい。他種との交配種にピンク、白の花をつけるものや、赤褐色の葉色をした品種がある。後者は銅葉のカラーリーフとして花壇のアクセントに利用され、同じように育てられる。

モモバギキョウ
Campanula persicifolia
常緑　日照：日なた〜半日陰　土壌：適湿
耐暑性：普通　耐寒性：強　開花期：初夏
草丈：70〜90cm　株張り：30cm

モモの葉に似た細長い葉を茂らせ、長い花茎にベル状の花をつける。和洋どちらの庭にも似合う風情のある花。青、白、桃などの花色がある。比較的寿命が短く、大株になると急に枯れることがある。種まきや株分けで苗をつくっておくとよい。とくに暖地では、花後、早めに花茎を切り戻して消耗を防ぐ。

高 腰丈以上

シダルセア・マルビフロラ
Sidalcea malviflora
落葉　日照：日なた　土壌：適湿
耐暑性：普通　耐寒性：強　開花期：初夏
草丈：70〜120cm　株張り：40cm

華奢な茎を直立させ、透きとおるような花色の一重の花を咲かせる。枝分かれしてⅠ株でもボリュームのある姿となり、ボーダーやコテージガーデンによい。夏はやや暑がり、暖地では西日が避けられる、水はけのよい場所に植える。直根性で根が粗くて長いので、株分けや移植時にはていねいに扱う。

ウスベニアオイ
Malva sylvestris
落葉　日照：日なた　土壌：適湿
耐暑性：強　耐寒性：強　開花期：初夏
草丈：80〜120cm　株張り：40cm

タチアオイをひと回り小さくしたような野性味のある花。赤紫色に筋が入る一般的なものや、淡青色の品種がある。寒冷地では夏の間、断続的に開花し、花もひと回り大きくて色鮮やか。比較的短命だが、こぼれ種でもふえるので苗づくりは容易。直根性で移植を嫌うため、小苗のうちに植えつけるとよい。

タチアオイ　ホリホック
Alcea rosea
半常緑　日照：日なた　土壌：適湿
耐暑性：強　耐寒性：強　開花期：初夏
草丈：120〜250cm　株張り：60cm

花色豊富で、桃、赤、白、黄色のほか、黒に近いえび茶色などもある。梅雨に先立って咲き始め、梅雨が明けるころにピークがすぎる。背が高くなるが、茎は丈夫なので1/3ほどの高さに支柱を添えるとよい。比較的寿命が短く、2〜3年で株分けして更新を。ハマキムシがついたら、見つけしだい防除する。

ムラサキセンダイハギ
Baptisia australis
落葉　日照：日なた〜半日陰　土壌：乾き気味〜適湿
耐暑性：強　耐寒性：強　開花期：晩春〜初夏
草丈：70〜120cm　株張り：60〜90cm

白粉を帯びた青緑色の茎葉に、紫色の花を穂状につける。大きく茂るので、あまり狭い場所には向かないが、丈夫で育てやすく、年々大株になってたくさんの花を咲かせる。やせた乾きやすい場所でもよく育つ。近縁種に、純白の花を咲かせる「シロバナセンダイハギ」と呼ばれる種類がある。

直線的なライン

> 高　腰丈以上

サルビア'インディゴ・スパイア' ラベンダーセージ
Salvia 'Indigo Spires'
落葉　日照：日なた　土壌：適湿
耐暑性：強　耐寒性：普通　開花期：晩夏〜秋
草丈：80〜180cm　株張り：60cm

丈夫で育てやすく、青紫色の花を初夏から秋遅くまで、次々と咲かせる。花穂の両わきから新しい花茎を伸ばすので、しだいに背が高くなり、姿が乱れやすい。生育期間中は、ときどき暴れた茎を間引き、ところどころ切り戻すとよい。強く切り戻しても、1か月ほどで再び花が咲く。

リアトリス
Liatris
落葉　日照：日なた　土壌：適湿
耐暑性：普通　耐寒性：強　開花期：晩春〜初夏
草丈：80〜100cm　株張り：30cm

まっすぐ伸びた茎先に、こん棒のような花穂をつけて目を引く。赤紫のほか白花もある。水はけのよい場所を好み、高温多湿はやや苦手。大株になると、夏に蒸れて枯れてしまうことがある。地下に球根状の地下茎があるので、秋または早春の葉が枯れているうちに掘り上げて、株分けするとよい。

ジギタリス
Digitalis purpurea
半常緑　日照：日なた〜半日陰　土壌：適湿
耐暑性：弱　耐寒性：強　開花期：晩春〜初夏
草丈：80〜120cm　株張り：50cm

イングリッシュガーデンの定番としておなじみの花。ローズピンクから白、アプリコットなどの花色がある。平坦地では、花後、早めに花茎を切り戻し、株元の枯れ葉を取り除くなど、風通しをよくすれば夏越しする。秋に株分けするとよい。種から簡単にふやせるが、種が非常に細かいので注意が必要。

ラバテラ・クレメンティー
Lavatera × clementii
落葉　日照：日なた　土壌：適湿
耐暑性：普通　耐寒性：普通　開花期：初夏〜夏
草丈：120〜250cm　株張り：80cm

しなやかな茎を長く伸ばし、ピンクの花を次々と咲かせる。ひと通り咲き終わった後、株の半分ほどで切り戻すと、二番花が楽しめる。丈夫な交配種で、植えて2〜3年で1m近く横に張るので、株間は広くとる。水はけさえよければ、暖地でも栽培しやすい。大株の植え替えは、ていねいにすること。

高　腰丈以上

デルフィニウム
Delphinium
半常緑　日照：日なた　土壌：適湿
耐暑性：弱　耐寒性：強　開花期：晩春〜初夏
草丈：90〜150cm　株張り：60cm

鮮やかな青の濃淡、紫や白、ピンクなどの花色と、圧倒的な存在感が魅力的。矮性種は開花期が短く、ボリュームも足りないので、少なくとも腰丈以上の品種を植えたい。平坦地では夏越しが難しく、一年草扱いされるが、秋に種をまいて苗をつくり、晩秋に植えつければ、翌年には立派な花が楽しめる。

ペロフスキア　ロシアンセージ
Perovskia
落葉　日照：日なた　土壌：乾き気味〜適湿
耐暑性：普通　耐寒性：強　開花期：夏
草丈：80〜150cm　株張り：40cm

薄青色の花と、白毛をまとった茎葉がよくマッチする。繊細な雰囲気があり、1株では物足りないが、数年して株立ちになると存在感が増す。性質は強く、いったん根づけばかなりの乾燥にも耐える。日当たりや風通しが悪いと、間のびして倒れやすい。支柱を立て、ときどき枝透かしや切り戻しを行う。

トリトマ
Kniphofia
常緑〜半落葉　日照：日なた　土壌：乾き気味〜適湿
耐暑性：強　耐寒性：普通　開花期：初夏〜晩秋（品種により異なる）　草丈：50〜150cm　株張り：40〜60cm

地際から細長い葉をたくさん伸ばし、たいまつのような形のエキゾチックな花穂をつける。丈夫で、水はけのよい場所なら土質を選ばない。小型品種はややデリケート。品種ごとの開花期間は2週間から1か月程度。写真は晩秋咲きで、丈夫な大型品種の'クリスマス・チアー'。1か月ほど咲き続ける。

直線的なライン

TYPE D

茎の先に目立つ花

すっと伸び上がった茎の先に
目を引く花をつけます。
小さな花がたくさん集まったものも。

低　ひざ丈以下

アルメリア
Armeria

常緑　日照：日なた　土壌：乾き気味〜適湿
耐暑性：普通　耐寒性：強　開花期：春
草丈：20〜40cm　株張り：20〜30cm

細い花茎の先に、ボール状のユニークな花を咲かせる。ボーダーガーデンの前面や、乾きやすい石垣の上など、日当たりと水はけのよい場所が向く。花色はピンクの濃淡や白がある。細葉の矮性種は高温多湿に弱く、蒸れやすいので、秋に株分けを兼ねて古葉を取るとよい。広葉の高性種は、比較的育てやすい。

ガーベラ
Gerbera

半落葉　日照：日なた　土壌：適湿
耐暑性：普通　耐寒性：普通〜弱　開花期：春〜秋
草丈：30〜40cm　株張り：30〜40cm

庭植えに適するのは、花の大きな切り花や鉢花用品種ではなく、茎や花弁が細い野生種に近いもの。昔から栽培されていたが、最近、再び見かけるようになった。花色は赤が主で、ピンク、オレンジなどの花色もある。暖地向きで、水はけと日当たりのよい場所では、春から秋まで次々と花が楽しめる。

ミヤコワスレ
Miyamayomena savatieri

半落葉　日照：日なた〜半日陰　土壌：適湿
耐暑性：普通　耐寒性：強　開花期：春
草丈：30〜40cm　株張り：20〜30cm

野生のミヤマヨメナから改良された種類で、可憐さと華やかさがほどよく調和し、茶花にも好まれる。明るい青紫のほか、紫、薄桃、白などの花色がある。水はけがよい適湿地で、夏の高温期は半日陰となるような場所でよく育つ。花後に花茎を地際で切り取ると、株が充実して翌年の花つきがよくなる。

低 ひざ丈以下

ストケシア
Stokesia laevis
常緑　日照：日なた〜半日陰　土壌：適湿
耐暑性：強　耐寒性：強　開花期：初夏〜夏
草丈：25〜35cm　株張り：30cm
淡青色のほか、桃、白、淡黄などやさしい花色の品種がある。例外的に'江戸紫'という濃青紫色の品種があり、切り花などに利用される。丈夫で病害虫もほとんどなく、水はけのよい場所では半日陰にも耐えるが、花つきはやや悪くなる。暖地では初夏の花だが、寒冷地では秋ごろまで断続的に開花する。

中 腰丈以下

オイランソウ
Phlox paniculata
落葉　日照：日なた〜半日陰　土壌：適湿
耐暑性：普通　耐寒性：強　開花期：初夏
草丈：60〜90cm　株張り：30cm
直立した茎先に丸い大きな花房をつけ、庭にあると豪華。花色豊富で、ピンク、ローズ、白、藤色などのほか、斑入り葉の品種もある。花後すぐに花穂の下で切ると、再びつぼみをつけることがある。とくに寒冷地では夏の間繰り返し咲く。草丈低く咲かせたいときは、春に伸び始めた新芽の先を摘芯する。

茎の先に目立つ花

アガパンサス
Agapanthus
落葉、常緑　日照：日なた〜半日陰　土壌：適湿〜湿り気味
耐暑性：強　耐寒性：強〜弱　開花期：初夏
草丈：30〜80cm　株張り：30〜60cm
青や白の花が、庭に初夏の訪れを告げる。厚みのあるリボン状の葉も観賞価値がある。水はけがよい場所であれば、土質を選ばず、いったん根づくと乾燥にもよく耐える。花つきをよくするには、夏の間は定期的に水やりし、乾かしすぎないのがポイント。常緑種と落葉種があり、耐寒性は後者のほうが強い。

シャガ
Iris japonica
常緑　日照：半日陰〜日なた　土壌：適湿〜湿り気味
耐暑性：強　耐寒性：強　開花期：晩春〜初夏
草丈：30〜60cm　株張り：30〜40cm
一年中濃い緑色の葉を茂らせ、殺風景になりがちな日陰を彩る。風情のある淡い水色の花も自然風の庭によく似合う。たいへん丈夫で、乾燥地以外土質を選ばず、ランナーを伸ばしてどんどんふえる。寒冷地なら、日なたでも葉焼けせずによく育つ。花の咲いた葉は枯れてしまうので、地際で切るとよい。

中 腰丈以下

シャクヤク
Paeonia lactiflora
落葉　日照：日なた　土壌：適湿
耐暑性：普通　耐寒性：強　開花期：春
草丈：70〜90cm　株張り：40cm

しっかりとした花茎の先に、赤、桃、白、一重や八重など、大輪で目立つ花をつける。豪華だがやさしい雰囲気があり、ボーダーのほか、ナチュラルガーデンのアクセントにもよい。水はけと風通しのよい場所に植えることが大切。夏は株元をマルチングして乾燥を防ぐ。花後は必ず花殻を切り、株の充実を図る。

キキョウ
Platycodon grandiflorus
落葉　日照：日なた〜半日陰　土壌：適湿
耐暑性：強　耐寒性：強　開花期：晩春〜夏
草丈：40〜70cm　株張り：20cm

日本の山野に自生し、細い茎先につける釣り鐘形の花に風情がある。本来は秋の花だが、園芸化されて晩春から咲くようになり、白、淡桃などの花色も加わった。八重咲きや矮性種もあり、いずれも丈夫で、極寒地以外、全国で栽培可能。地下に太い根があり、水はけのよい適湿土を好む。株分けや種でふやす。

アムソニア
Amsonia
落葉　日照：日なた〜半日陰　土壌：適湿
耐暑性：強　耐寒性：強　開花期：晩春〜初夏
草丈：40〜80cm　株張り：40cm

チョウジソウと呼ばれることもあるが、園芸的に流通するのは、おもに北米原産のホソバチョウジソウやヤナギバチョウジソウ。さわやかな淡青色の花を茎先にまとめてつける野趣に富んだ控えめな花で、自然風の植栽に似合う。性質は強く、暑さ寒さにも耐えて栽培しやすい。

セイヨウノコギリソウ
Achillea millefolium
半常緑　日照：日なた〜半日陰　土壌：乾き気味〜適湿
耐暑性：強　耐寒性：強　開花期：初夏
草丈：40〜80cm　株張り：30〜40cm

白、ピンク、赤など多彩な花を傘状につける。細かく切れ込んだ葉もかわいらしい。水はけと風通しのよい場所を好み、丈夫で生育旺盛。暖地では軟弱に育ちやすいので、花後、早めに切り戻して蒸れを防ぐ。よくふえるので、植えつけ後、数年して混み合ってきたら、株分けして元気を取り戻す。

中 腰丈以下

ヒゲナデシコ
Dianthus barbatus
半常緑　日照：日なた　土壌：乾き気味～適湿
耐暑性：普通　耐寒性：普通　開花期：春～初夏
草丈：30～50cm　株張り：30cm

しっかりした茎先に、ヒゲのあるユニークな花をボール状につける。花色は赤、白、桃などで、中心に蛇の目模様の入る種類もある。なかでも濃紅色の花で、葉色が暗褐色を帯びる'ソーティ'（写真）はリーフプランツとしても人気がある。比較的短命な宿根草なので、種か株分けで株の更新を心がけるとよい。

ジャーマンアイリス
Iris germanica Hybrid
半常緑　日照：日なた　土壌：乾き気味
耐暑性：普通　耐寒性：強　開花期：晩春
草丈：50～70cm　株張り：40cm

赤、深紅以外のほとんどの花色があり、「虹の花」と呼ばれるほど。草丈もさまざまで、たいへん品種が多い。大株になると多くの花茎を伸ばし、みごとな眺めとなる。過湿を嫌うので、できるだけ水はけのよい場所に植える。同じ場所に植えられることを嫌うので、株分けしたら別の場所に植えるとよい。

青色フジバカマ
Conoclinium coelestinum
落葉　日照：日なた～半日陰　土壌：適湿～湿り気味
耐暑性：強　耐寒性：強　開花期：初夏～秋
草丈：60～90cm　株張り：40～60cm

明るい緑色の葉を茂らせ、初夏から秋にかけ淡い青や白の花をつける。華奢な外見に似合わず、たいへん丈夫で乾燥地でなければ旺盛に育つ。伸びすぎたら半分ほど切り詰めると、2～3週間で再び開花。細い地下茎を伸ばして急速に広がるので、ふえてほしくない場所では、鉢植えにして埋めるなどの工夫を。

ヘメロカリス
Hemerocallis
半常緑　日照：日なた～半日陰　土壌：適湿
耐暑性：強　耐寒性：強　開花期：晩春～初夏
草丈：30～50cm　株張り：40～80cm

株元から伸びる細長い葉の間から、長い花茎を伸ばしてユリのような大きな一日花をつける。花色は多彩で、黄、橙、赤、桃、紫、白などがあり、たくさんの園芸品種が流通する。たいへん丈夫で育てやすいが、花つきをよくするには、水はけと日当たりのよい場所に植えることが大切。

茎の先に目立つ花

> 中　腰丈以下

シャスターデージー

Leucanthemum × superbum

半常緑　日照：日なた〜やや半日陰　土壌：適湿
耐暑性：強　耐寒性：強　開花期：晩春〜夏
草丈：60〜80cm　株張り：30〜40cm

大株に育ち、たくさんの花がいっせいに咲く姿はみごとで、さまざまな庭で魅力を発揮する。たいへん丈夫で土質を選ばず、植えっぱなしでよいが、花後には強く切り戻すこと。寒冷地では夏の間、断続的に開花。花弁がカールしたり、細かく切れ込む豪華な八重咲き品種があるが、性質はややデリケート。

カンパニュラ'サラストロ'　青花ホタルブクロ

Campanula 'Sarastro'

落葉　日照：半日陰〜日なた　土壌：適湿
耐暑性：普通　耐寒性：強　開花期：初夏
草丈：80〜100cm　株張り：30cm

鮮やかな濃青色の花をつける、ホタルブクロに似た交配種。カンパニュラの中では丈夫で、暖地でも比較的栽培しやすい。水はけのよい半日陰に植え、夏に乾きすぎないように注意すればよい。寒冷地では日なたでもよく育つ。地下茎でふえる。よく似た種類に'ケント・ベル'がある。

ベンケイソウの仲間

Hylotelephium

落葉　日照：日なた　土壌：乾き気味〜適湿
耐暑性：普通　耐寒性：強　開花期：夏〜秋
草丈：30〜70cm　株張り：30cm

白粉を帯びた肉厚の葉に、ピンクの花が映える。オオベンケイソウとその近縁種との交配種が多く流通する。開花期間が長く、夏のつぼみのころから、秋遅く落葉後の花殻まで楽しめる。水はけのよい場所を好み、厳しい乾燥にも耐える。性質は強いが、暖地では葉を食害するハマキムシの被害に注意。

> 高　腰丈以上

エキナセア

Echinacea purpurea

落葉　日照：日なた　土壌：適湿
耐暑性：強　耐寒性：強　開花期：夏
草丈：80〜120cm　株張り：40〜50cm

株立ちになり、まっすぐに伸びる茎先に、芯の大きな目立つ花をつける。夏でも花もちがよく、ひとつの花が10日間ほど楽しめる。赤紫のほか、白、オレンジ、サーモンなど多彩な花色の交配種が流通する。日当たりと風通しのよい場所を好み、密植すると倒れやすくなるので、株間を広くとるとよい。

| 高 | 腰丈以上 |

オリエンタルポピー　オニゲシ
Papaver orientale

半常緑　日照：日なた～半日陰　土壌：適湿
耐暑性：普通～弱　耐寒性：強　開花期：晩春
草丈：70～90cm　株張り：50～60cm

日本で栽培できるケシの中ではもっとも大型。大輪のシルクのような花弁のつけ根には、暗紫色の斑点があり、目を引く。赤花のほか、ピンクや白の園芸品種がある。太い根が深く伸び、水はけのよい場所を好む。赤花品種は比較的丈夫で、暖地でも栽培しやすいが、ほかは寒冷地向き。夏は風通しよくする。

エキノプス　ルリタマアザミ
Echinops ritro

落葉　日照：日なた　土壌：乾き気味～適湿
耐暑性：普通　耐寒性：強　開花期：初夏
草丈：70～100cm　株張り：50cm

メタリックな青花と、銀白色がかった茎葉がさわやかな印象。水はけのよい土を好み、暖地では西日を避けた風通しのよい場所に植える。枝が広がるので、株間は50cmほどあけ、枝が裂けないように支柱を添える。比較的寿命が短く、株が古くなると夏に枯れやすい。種をまいて更新する。

カンパニュラ・ラクティフローラ
Campanula lactiflora

半常緑　日照：日なた～半日陰　土壌：適湿
耐暑性：普通　耐寒性：強　開花期：晩春～初夏
草丈：90～120cm　株張り：40cm

すっくと立ち上がった茎先に、大きな花房をつける。明るいブルーやピンクがかった白花があり、丈夫で育てやすい。1株でもボリュームがあるので、開花期にはよく目立ち、ボーダーの後方やコテージ風のアクセントによい。背が高くなるので、必ず支柱を添える。

モナルダ
Monarda

落葉　日照：日なた～半日陰　土壌：適湿～湿り気味
耐暑性：強　耐寒性：強　開花期：晩春～初夏
草丈：70～100cm　株張り：40～60cm

茎先に、赤、紫、ピンク、白などの花を丸くかためてつける。株立ちになり、葉には香りがあってハーブとしても利用される。やや湿った日当たりのよい場所でよく育ち、日陰では花つきが悪い。地下茎でよくふえるので、植えっぱなしにせず、2～3年おきに株分けをするとよい。混み合った場所は春先に間引く。

茎の先に目立つ花

| 高　腰丈以上 |

キバナノコギリソウ
Achillea filipendulina
半常緑　日照：日なた　土壌：乾き気味～適湿
耐暑性：強　耐寒性：強　開花期：初夏
草丈：80～120cm　株張り：40～50cm

まっすぐに伸びた茎先に、鮮やかな黄花を皿状にかためてつける。灰色がかって見える茎葉とのバランスもよく、庭で存在感を発揮する。丈夫だが、風通しが悪いと蒸れて株が傷むことがあるので、花後には必ず切り戻す。暖地では育ちすぎて、倒れやすい。早めに支柱を添えるとよい。

サルビア・ウリギノーサ　ボッグセージ
Salvia uliginosa
落葉　日照：日なた～半日陰　土壌：適湿～湿り気味
耐暑性：強　耐寒性：強　開花期：晩春～秋
草丈：90～120cm　株張り：50～70cm

開花期が長く、細い茎先に淡いブルーの花をつけ、風に揺れる姿が魅力的。湿地で育つほど水分を好むが、乾きすぎなければ土質は選ばない。伸びすぎたら随時切り戻す。華奢な外見に似合わず、地下茎で旺盛に広がるので、ふえてほしくない場所では、鉢植えにして埋めるなどの工夫をするとよい。

ヘレニウム　ダンゴギク
Helenium
落葉　日照：日なた　土壌：適湿
耐暑性：強　耐寒性：強　開花期：夏
草丈：70～100cm　株張り：40cm

直立する茎に、丸く目立つ芯のある黄やオレンジのくすんだ色の花を真夏に咲かせる。野趣あふれる姿は、ボーダーのほか、コテージやナチュラルな庭にもよく似合う。暑さ寒さに強く、丈夫で生育旺盛、やせ地のほうがかたく締まって育つ。肥料分が多いと伸びすぎて、倒れやすくなるので注意。

モミジアオイ
Hibiscus coccineus
落葉　日照：日なた　土壌：適湿～湿り気味
耐暑性：強　耐寒性：普通　開花期：夏～秋
草丈：120～250cm　株張り：60cm

まっすぐに伸びた太い茎に、いかにも夏らしい真っ赤な大輪花を次々と咲かせ、野性的な雰囲気がある。一日花だが、大株になると1か月以上咲き続ける。白花品種や、近縁のアメリカフヨウとの交配種にはピンク、ローズの花色がある。水分の多い肥沃な土地を好み、性質は強いが乾燥地では生育が悪い。

TYPE E

後ろが透ける

枝分かれした細い茎に小ぶりの花をつけ、
ベールをかけたかのように、
後ろが透けて見えます。

中 腰丈以下

アストランティア
Astrantia major

落葉　日照：半日陰　土壌：適湿〜湿り気味
耐暑性：弱　耐寒性：強　開花期：初夏
草丈：60〜80cm　株張り：40cm

やさしい雰囲気の花で、自然風の庭によく似合う。花色にはピンクの濃淡や白がある。水分を好むが、夏の強光と高温多湿を嫌うので、平坦地では水はけのよい、明るい日陰に植え、乾かさないようにする。夏に涼しい地域では、腐葉土などを多く含んだ肥えた土で、水を切らさないようにするとよく育つ。

西洋オダマキ　アクイレギア
Aquilegia

落葉　日照：日なた〜半日陰　土壌：適湿
耐暑性：普通　耐寒性：強　開花期：晩春〜初夏
草丈：15〜90cm　株張り：30〜40cm

青、紫、桃、赤、白など多彩な花色があり、華やかだが野趣がある。八重咲きの品種以外には、花の後ろに蹴爪（けづめ）のような突起がある。高温多湿にやや弱いので、夏に半日陰になる水はけのよい場所に植え、風通しよく管理するとよい。比較的短命な宿根草で、株分けのほか、種をまいて更新する。

中 腰丈以下

スイセンノウ フランネルソウ
Lychnis coronaria
半常緑　日照：日なた　土壌：乾き気味〜適湿
耐暑性：強　耐寒性：強　開花期：晩春〜初夏
草丈：50〜80cm　株張り：40cm

花色は、ローズピンクや淡いピンク、白など。八重咲き品種もある。株全体に白い毛が密生し、やわらかな雰囲気をもつため、ほかの草花と相性がよい。日当たりのよい、乾き気味の場所を好み、石垣のすき間などでよく育つ。こぼれ種でふえるほど丈夫だが比較的短命。とくに肥料が多いと、突然枯れることも。

ガウラ（矮性系）
Gaura lindheimeri
落葉　日照：日なた　土壌：適湿
耐暑性：強　耐寒性：強　開花期：晩春〜秋
草丈：40〜70cm　株張り：40〜50cm

暑さに強く、晩春から秋まで絶え間なく咲き続ける貴重な宿根草。原種は1.5m前後に育つが、半分以下の大きさに改良された、白、薄桃、桃色花などの品種がある。丈夫で、日当たりさえよければ、土質はとくに選ばない。伸びすぎたら随時、½〜⅓ほどに切り戻すと、コンパクトに仕立て直せる。

宿根カスミソウ
Gypsophila paniculata
落葉　日照：日なた　土壌：乾き気味〜適湿
耐暑性：普通　耐寒性：強　開花期：初夏
草丈：60〜90cm　株張り：50〜60cm

細かく枝分かれした細い茎に、純白の小花を無数につけ、ふんわりと広がり、周囲の花を引き立てる。大きく枝を広げるので、ボーダーの中ほどに植えて、ほかの草花を包むように咲かせると効果的。乾燥には強いが、太い直根が土中深く入り、過湿には弱いので、水はけのよい場所に植える。

| 中 腰丈以下 | 高 腰丈以上 |

クロバナフウロ

Geranium phaeum

落葉　日照：日なた〜半日陰　土壌：適湿
耐暑性：普通　耐寒性：強　開花期：晩春〜夏
草丈：25〜60cm　株張り：40cm

細く枝分かれした茎に、黒紫色の印象的な花をつけ、初夏のボーダーやナチュラルな庭に趣を添える。フウロソウの中では暑さに強く、暖地でも栽培しやすい。花色に濃淡のあるものや、斑入り葉の品種がある。花が一段落したら、草丈の1/3まで切り戻す。寒冷地では夏の間、繰り返し咲くこともある。

エリンジウム・プラナム

Eryngium planum

半常緑　日照：日なた〜半日陰　土壌：適湿
耐暑性：弱　耐寒性：強　開花期：初夏
草丈：90〜120cm　株張り：40〜50cm

メタリックな青みを帯びた灰色の花は、独特の形で目を引く。高温多湿に弱く、暖地では花後枯れてしまうことが多く、一年草扱いされる。夏が涼しい寒冷地では、宿根して毎年花を咲かせる。水はけのよい場所に植えることが大切で、過湿や肥料の施しすぎは禁物。

キバナカラマツソウ　キバナボタンカラマツ

Thalictrum flavum

落葉　日照：日なた〜半日陰　土壌：適湿
耐暑性：普通　耐寒性：強　開花期：初夏
草丈：90〜120cm　株張り：50〜60cm

すらりと伸びた茎の先に、レモンイエローの綿毛のような花をつける。灰緑色の茎葉も上品で、ボーダーの後方や自然風の庭のアクセントによい。草丈が高くなるので、早めに支柱を立てる。性質は強いが、大株の移植は避ける。苗の植えつけ時には、太い根をていねいに扱う。適地ではこぼれ種でふえる。

バーベナ・ボナリエンシス　サンジャクバーベナ

Verbena bonariensis

落葉　日照：日なた　土壌：乾き気味〜適湿
耐暑性：強　耐寒性：強　開花期：初夏〜秋
草丈：70〜150cm　株張り：60〜70cm

背が高く、粗く分枝した細い枝の先に花をつける。ほかの花と一緒に植えてもじゃまになりにくく、次々と咲いて長く楽しめる。夏の庭の引き立て役として重宝する。ある程度まとめて植えると存在感が増し、見ごたえもある。伸びすぎたら、夏に一度切り戻すとよい。こぼれ種でふえるほど丈夫。

後ろが透ける

高 腰丈以上

ウインターコスモス　ビデンス
Bidens laevis
半常緑　日照：日なた　土壌：適湿
耐暑性：強　耐寒性：強　開花期：晩秋
草丈：80～120cm　株張り：60～70cm

直立する茎にクリーム色や黄色のコスモスのような花を咲かせる。秋が深まると一斉に咲き出し、強い霜で傷むまで咲き続ける。非常に丈夫で、土質も選ばず、地下茎でよくふえる。別種の横に広がる四季咲き性の矮性種も同じ名で呼ばれるが、夏に弱って花つきが悪くなり、寒冷地以外では栽培しづらい。

シュウメイギク
Anemone hupehensis Hybrid
落葉　日照：日なた～半日陰　土壌：適湿～湿り気味
耐暑性：普通　耐寒性：強　開花期：秋
草丈：60～120cm　株張り：50～60cm

花色にはピンク、白、ローズがあり、花形は一重のほか、八重や半八重があって、いずれもナチュラルな雰囲気によく似合う。草丈も矮性種や高性種がある。半日陰のやや湿り気のある場所を好み、乾くと葉が傷んで生育も悪くなる。適地であれば、地下茎からランナーが伸びて、子株がふえる。

ルドベキア'タカオ'
Rudbeckia triloba 'Takao'
落葉　日照：日なた　土壌：乾き気味～適湿
耐暑性：強　耐寒性：強　開花期：夏～秋
草丈：70～120cm　株張り：60～90cm

夏から秋にかけて、黄色に黒い目のある花を群がり咲かせ、あたりを黄金色に染める。たいへん丈夫で花つきがよく、1株でもボリュームのある株に育つ。数年で大株になるが、ふえすぎると株が弱ってくるので、3年をめどに株分けするとよい。こぼれ種から出た芽を育て、苗として植えてもよい。

オミナエシ
Patrinia scabiosifolia
半常緑　日照：日なた～半日陰　土壌：適湿
耐暑性：普通　耐寒性：強　開花期：夏～秋
草丈：70～120cm　株張り：50cm

秋の庭を黄金色に彩る風情のある花。和風のイメージだが、コテージやナチュラルな庭にもよく似合う。細い花茎も黄色く色づき、花もちがよい。本来は秋咲きだが、早咲きの品種は7月から咲き始める。性質が強く、病害虫もほとんどなく、放任で毎年よく咲く。肥料が多いと、伸びすぎて倒れるので控えめに。

TYPE F

ゆるやかな曲線

優美な曲線が印象的。
わずかな風で、長い花茎や葉がそよぎ、
動きが生まれます。

低 ひざ丈以下

カレックス'エバーゴールド' ベアグラス
Carex oshimensis 'Evergold'
常緑　日照：日なた〜日陰　土壌：乾き気味〜適湿
耐暑性：強　耐寒性：強　葉の観賞期：周年
草丈：20〜30cm　株張り：40cm

光沢のある緑葉の中央に、クリーム色の斑が鮮明に入る。丈夫で育てやすく、常緑で一年中明るい色のきれいな葉を保つ。日なたにも日陰にも耐え、花壇の縁取りやアクセント、石組みの間など、用途が広い。年々大株になって葉が長くなるが、春先に古葉を刈り取ると、あまり長くならない。

アマドコロ
Polygonatum odoratum
落葉　日照：半日陰〜日陰　土壌：適湿〜湿り気味
耐暑性：強　耐寒性：強　開花期：晩春
葉の観賞期：春〜秋　草丈：30〜40cm　株張り：40cm

アーチを描く茎に丸みのある葉を交互につけ、晩春に白いベル形の花を咲かせる。写真の白斑入り品種が一般的で、群生させると美しい。腐葉土の多い適湿地を好むが、乾燥地でなければ土質はあまり選ばない。日なたでも育てられるが、暖地では夏に葉焼けしやすいので注意。

ホルデウム・ユバツム
Hordeum jubatum
半常緑　日照：日なた〜半日陰　土壌：適湿
耐暑性：普通　耐寒性：強　開花期：春〜初夏
草丈：30〜40cm　株張り：30〜40cm

初夏の庭に、銀白色の長い芒（のぎ）をなびかせる個性的なグラスの一種。ナチュラルな雰囲気で「リスノシッポ」の愛称で呼ばれることもある。比較的短命な宿根草で、暖地では夏に枯れてしまうこともある。水はけのよい場所に植え、穂は早めに刈り取るとよい。株分けのほか、種でもふやせる。

低 ひざ丈以下

ムラサキツユクサ
Tradescantia × andarsoniana
落葉　日照：日なた〜半日陰　土壌：適湿
耐暑性：普通　耐寒性：強　開花期：初夏〜夏
草丈：30〜50cm　株張り：30cm

葉をゆったりと茂らせ、初夏に紫、青、白、ピンクなどの三弁花を次々と咲かせる。黄金葉の品種（'スイート・ケイト'など）は、濃いブルーの花と葉色の対比が美しい。いずれも丈夫で、肥料は少ないほうが、株が暴れずに形よく育つ。こぼれ種でもふえる。寒冷地では、夏中花を咲かせることもある。

オオバジャノヒゲ'黒竜'
Ophiopogon planiscapus 'Nigrescens'
常緑　日照：半日陰〜日陰　土壌：適湿〜湿り気味
耐暑性：強　耐寒性：強　葉の観賞期：周年
草丈：20〜30cm　株張り：30cm

類がないほどのまっ黒な葉をもち、ほかの草花の引き立て役として、国内外で人気がある。丈夫でほとんど病害虫がなく、極端な乾燥地でなければ、どんな場所でも育つが、暗い日陰では濃い黒が出にくい。近縁種に、葉幅の狭いジャノヒゲと、その小型品種のタマリュウなどがある。

カレックス・ブキャナニー
Carex buchananii
常緑　日照：日なた〜半日陰　土壌：乾き気味〜適湿
耐暑性：普通　耐寒性：普通　葉の観賞期：周年
草丈：40〜60cm　株張り：30〜40cm

枯れたように見える葉色と、やわらかな草姿が特徴。常緑で一年中姿が変わらないので、庭の前面や植栽のポイントに植えるとよい。水はけのよい場所を好む。大株は中が蒸れやすいので、春先に古い葉を刈り取り、3年に1回、株分けをする。葉色や性質の似た種類に、別種のフラゲリフェラがある。

ヤブラン
Liriope muscari
常緑　日照：日なた〜日陰　土壌：適湿〜湿り気味
耐暑性：強　耐寒性：強　葉の観賞期：周年
開花期：晩夏〜秋　草丈：30〜40cm　株張り：30〜40cm

リボンのような肉厚な葉と、秋の初めに咲く薄紫色の花が印象的。クリーム色の縞斑品種が一般的だが、濃緑色葉の野生種にも捨てがたい魅力がある。性質が強くて病害虫もなく、適度な湿り気があれば、日なたから日陰までどんな場所にも向く。美しい姿を保つには、新芽が伸びる春先に古葉を刈り取る。

低 ひざ丈以下

フウチソウ
Hakonechloa macra
落葉　日照：日なた〜半日陰　土壌：適湿
耐暑性：強　耐寒性：強　葉の観賞期：春〜秋
草丈：30〜40cm　株張り：40〜50cm

わずかな風にも葉がゆれる、涼しげでナチュラルな雰囲気が特徴。秋になるとオレンジ色から褐色に色づく。クリーム色の縞斑や黄金葉の品種がある。丈夫で、水はけがよければ、日なたから半日陰までよく育つ。ただし、黄金葉は夏の直射日光で葉焼けするので、半日陰がよい。

中 腰丈以下

ケマンソウ　タイツリソウ
Dicentra spectabilis
落葉　日照：半日陰　土壌：適湿
耐暑性：普通　耐寒性：強　開花期：晩春〜初夏
草丈：50〜60cm　株張り：50〜60cm

明るい緑色の葉を広げ、斜めに伸びた茎に沿って、ピンクや白のハート形の花を吊り下げる。葉色が黄色い園芸品種（写真）もある。腐葉土などを多く含んだ、水はけがよい湿り気のある土を好む。夏は葉が枯れて休眠するが、マルチングやほかの植物で株元を覆うと、翌年の生育がよい。

ハラン
Aspidistra elatior
常緑　日照：半日陰〜日陰　土壌：適湿〜湿り気味
耐暑性：強　耐寒性：普通　葉の観賞期：周年
草丈：40〜60cm　株張り：30〜50cm

一年中変わらない濃緑色の葉を茂らせる丈夫な種類。葉先だけ白くなるものや、クリーム色の縞斑、小型で葉に黄色い斑点のある園芸品種などがあり、いずれも性質は強い。かなりの日陰に植えてもよく耐える。花は早春に咲くが、株元の土中で開くので、ふだんは見ることはできない。

ペニセタム・ヴィロサム
Pennisetum villosum
半常緑　日照：日なた〜半日陰　土壌：適湿
耐暑性：強　耐寒性：普通　開花期：夏〜秋
葉の観賞期：春〜秋　草丈：50〜60cm　株張り：60cm

細い葉を地際から茂らせ、夏から秋まで白いブラシのような穂を次々と伸ばす。全体に小型なので、花壇でもほかの草花と合わせやすい。丈夫で育てやすいが、日陰で水や肥料が多いと、だらしなく伸びて、見苦しくなるので注意。「ギンギツネ」の愛称で呼ばれることもある。

ゆるやかな曲線

| 高　腰丈以上

サルビア・レウカンサ　メキシカンブッシュセージ
Salvia leucantha
落葉　日照：日なた　土壌：適湿
耐暑性：強　耐寒性：普通　開花期：秋
草丈：80〜150cm　株張り：80〜120cm

秋の気配が感じられるころ、やわらかな毛に覆われた紫のがくから白や紫色の花を咲かせる。そのまま育てると1.5m以上になり、姿も乱れやすいので初夏に切り戻すとよい。遅く切り戻すと開花時期が遅れるので注意。水はけさえよければ、−7℃程度の耐寒性があるが、マルチングなどの防寒対策が必要。

ワイルドオーツ
Chasmanthium latifolium
落葉　日照：日なた〜半日陰　土壌：適湿〜湿り気味
耐暑性：強　耐寒性：強　葉の観賞期：晩春〜秋
開花期：夏〜秋　草丈：60〜90cm　株張り：30〜40cm

直立する茎先がゆるく弧を描き、夏には緑色の小判のような花穂をぶら下げる、ユニークな姿のグラス。ササに似た若草色の葉は、秋から冬にかけて黄色から茶色に紅葉し、湿度の高い山間地ではとくにきれいな黄色に色づく。冬に葉が枯れて残る穂にも風情がある。丈夫で草姿が乱れにくく、ゆっくりふえる。

パニカム・ビルガツム
Panicum virgatum
落葉　日照：日なた〜半日陰　土壌：乾き気味〜適湿
耐暑性：強　耐寒性：強　葉の観賞期：晩春〜秋
開花期：夏〜秋　草丈：100〜150cm　株張り：40〜50cm

夏から秋にかけての、細かく分かれた穂が魅力。穂は秋には黄金色に変わる。ブルーやブラウンがかった葉色の美しい園芸品種がある。株立ちで草姿が乱れにくく、性質は極めて強くて土質を選ばない。日陰地や肥料が多いと、だらしなく伸びるので注意。伸びすぎたら、初夏に地際まで切り戻す。

ディエラマ
Dierama pulcherrimum
常緑　日照：日なた〜半日陰　土壌：適湿〜湿り気味
耐暑性：普通　耐寒性：強　開花期：初夏
草丈：120〜150cm　株張り：30〜40cm

細い花茎に、ローズピンクや白色の、かわいい釣り鐘形の花を下向きに咲かせる。欧米では「天使の釣り竿」の愛称で親しまれ、人気が高い。性質は丈夫だが生育が遅いので、苗を植えて見ごろに育つまで数年かかる。植え替えはあまり好まない。株分けは大きく分けて、土を落とさずにすぐ植えるとよい。

TYPE G

個性的な草姿

アーキテクチャルプランツと呼ばれ、
ほかの植物にはない
独特な姿が目を引きます。

低 ひざ丈以下

クサソテツ
Matteuccia struthiopteris
落葉　日照：日なた～日陰　土壌：適湿～湿り気味
耐暑性：普通　耐寒性：強　葉の観賞期：春～秋
草丈：30～60cm　株張り：60～90cm

大きな鳥の羽を束ねたような葉が群生する。その姿がダチョウの羽飾りのように見えることから、オストリッチファーンなどと呼ばれる。丈夫で、湿り気のある場所を好み、地中に伸ばした細い茎でよくふえる。寒冷地では日なたでも葉焼けしないが、暖地では半日陰がよい。

高 腰丈以上

イトススキ
Miscanthus sinensis 'Gracillimus'
落葉　日照：日なた～半日陰　土壌：適湿
耐暑性：強　耐寒性：強　開花期：秋　葉の観賞期：春～秋
草丈：120～150cm　株張り：60cm

小型のススキで、葉幅が5mm前後と普通のススキの1/3、草丈も1/2～2/3程度しかない。あまり横へ広がらず、株元がすっきりと立ち上がる姿が独特。クリーム色の斑入り品種（写真）は、とくに草勢がおとなしく、狭い庭でも扱いやすい。初夏に株元まで切り戻すと、さらに小さくすることができる。

アカンサス
Acanthus mollis
半常緑　日照：日なた～半日陰　土壌：適湿　耐暑性：普通
耐寒性：強　開花期：初夏　葉の観賞期：春～秋
草丈：70～150cm　株張り：70～90cm

つやつやとした濃緑色の葉を広げ、初夏に個性的な花穂を伸ばす。暖地では花後、下葉が枯れて半休眠状態になる。花色は白にピンクの配色が普通。純白の花色や、新葉が黄色いもの、斑入り葉の品種もある。植えて数年経つと、迫力のある姿に育つ。葉の切れ込みが細かいスピノサス種もある。

91

| 高　腰丈以上 |

アーティチョーク
Cynara scolymus
常緑　日照：日なた　土壌：適湿　耐暑性：普通
耐寒性：強　開花期：初夏　葉の観賞期：春〜秋
草丈：150〜250cm　株張り：120〜150cm

灰緑色の大きくて切れ込みのある葉を広げ、初夏に太い茎を立てて、アザミに似た赤紫色の大きな花を咲かせる。葉の姿だけでも観賞価値が高く、大株は存在感にあふれている。過湿に弱いので、水はけのよい場所に植え、古い傷んだ葉や、咲き終わった花は早めに切り取る。

ニューサイラン
Phormium
常緑　日照：日なた〜半日陰　土壌：乾き気味〜適湿
耐暑性：普通　耐寒性：普通　葉の観賞期：周年
草丈：120〜200cm　株張り：90〜120cm

個性的な庭の演出に欠かせない種類。サーベルを束ねたような力強い草姿と、斑入り、銅葉など多彩な葉色が特徴。小型の品種もあり、スペースによって使い分けるとよい。水はけを好むが、じゅうぶん根づくまでは、極端な乾燥は避ける。品種によっては、夏の高温多湿に弱いものがある。

メリアンサス
Melianthus major
半常緑　日照：日なた　土壌：適湿　耐暑性：普通
耐寒性：普通　葉の観賞期：春〜秋　開花期：初夏
草丈：120〜180cm　株張り：80〜120cm

灰緑色の大きく切れ込んだ葉を広げ、大株になると太い茎を伸ばし、初夏にえび茶色の変わった形の花を穂状に咲かせる。水はけのよい場所に植えること。冬の寒風にさらされると茎葉が傷むが、地際から新しい芽が伸びる。古い茎を春に切り戻すと、姿が乱れない。葉に触れるとゴマのような香りがある。

ルドベキア・マキシマ
Rudbeckia maxima
半常緑　日照：日なた　土壌：適湿　耐暑性：強
耐寒性：強　開花期：初夏　葉の観賞期：春〜秋
草丈：150〜200cm　株張り：60〜80cm

白く粉を吹いた、大きなしゃもじ形の葉を株元に数枚つける。大株になるほど美しくなる宿根草で、初夏に長い茎を2m近く伸ばし、先端に黄色い花をつける。茎はかたいものの風雨で根元から倒れることがあるので、早めに支柱を立てる。丈夫で、日当たりさえよければ、土質はあまり選ばない。

TYPE H

つるもの

長い茎を伸ばし、
変幻自在、スペースに合わせて
広がっていきます。

クレマチス（落葉タイプ）
Clematis
落葉　日照：日なた　土壌：適湿
耐暑性：普通　耐寒性：強　開花期：春〜初夏
つるの長さ：150〜300cm以上　株張り：300cm以上
性質の異なるいくつかの系統があり、花色、花形のバリエーションも幅広い。つる状に育つグループでは、基本的に水はけのよい適湿地を好み、株元に夏の直射日光が当たるのを嫌う。前年のつるにしか花をつけないものと、そうでないものがあり、それぞれ剪定の仕方が異なるので、苗の購入時には注意する。

ハゴロモジャスミン
Jasminum polyanthum
常緑　日照：日なた　土壌：適湿
耐暑性：強　耐寒性：普通　開花期：春
つるの長さ：90〜150cm以上　株張り：200cm以上
春の訪れとともに一斉に開花し、あたり一面に強い芳香を漂わせる。ピンク色のつぼみも愛らしく、冬の間、しだいに大きくなる様子を眺めるのも楽しい。斑入り葉の品種（写真）もあり、こちらはやや生長が遅い。常緑で、やや寒さに弱いので、冬の寒風が直接当たらない場所に植えると、葉が傷まない。

ロニセラ
Lonicera
落葉　日照：日なた〜半日陰　土壌：適湿
耐暑性：強　耐寒性：強　開花期：春〜初夏
つるの長さ：150〜300cm以上　株張り：300cm以上
ロニセラには低木状になるものと、つる状になるニンドウの仲間があり、どちらも園芸的に利用されるが、ここで取り上げるのは後者。オレンジやサーモン、クリーム色の花をつける。ニンドウは花に甘い香りがある。生育旺盛で、1年に5m近く伸びることもあるので、植え場所は慎重に決めること。

宿根草に似合う植物

宿根草の庭をより魅力的にするには、背景となる低木や、一緒に植える球根植物、一年草が欠かせません。そのいくつかをご紹介しましょう。

低木

セイヨウニンジンボク
丈夫で開花期が長く、生育が早いので、伸びすぎたら切る。コンパクトに保つには、冬に強く切り戻す。青花と白花品種がある。水はけのよい場所を好む。

カシワバアジサイ
アジサイの中では、夏の乾燥にも、直射日光にも強くて育てやすい。初夏に、円錐状の白花を咲かせ、八重咲きもある。秋の紅葉も美しい。

メギ
日本原産の落葉樹で育てやすく、秋の紅葉が美しい。銅葉や黄金葉、斑入りなどの園芸品種があり、人気が高い。写真は、銅葉の斑入り品種。

アメリカテマリシモツケ'ディアボロ'
赤褐色の葉色が、ほかの花を引き立てる丈夫な低木。病害虫にも強く、育てやすいが、日陰では葉色が悪くなる。晩春に咲く白花もかわいらしい。

スモークツリー
晩春から初夏に煙のような花穂をつけ、1か月以上楽しめる。銅葉の品種や矮性種がある。枝が暴れやすいので、強い枝は伸びすぎる前に芯を止める。

ヤツデ
日陰に耐える常緑低木。生育はゆっくりで姿が乱れにくく、艶のある大きな葉に存在感がある。乾燥地では生育が悪く、葉も小さくなる。

球根植物

ムスカリ
サクラが咲くころに、小さなブドウの房のような青花をたくさん咲かせる。丈夫でよくふえ、植えっぱなしにできる種類が多い。

スイセン
春の訪れを知らせる可憐な花。宿根草との組み合わせには、中輪から小輪の品種が似合う。花後に葉を残し、しっかり日に当てれば翌年も咲く。

チオノドクサ
早春に咲く青や白、ピンクの花が愛らしい。水はけがよく、夏は半日陰になる場所を好む。寒冷地では、植えっぱなしでもよくふえ、毎年よく開花する。

一年草

ビオラ
パンジーよりも小さくかわいらしい花で、花色が多く、ほかの草花とも合わせやすい。長く楽しむには、花殻をこまめに摘み取るとよい。

ヒナゲシ
花色は白、ピンク、ローズとさまざまで、薄紙のような花びらが特徴。八重咲きもある。水はけと日当たりのよい場所を好み、こぼれ種でもふえる。

ノゲイトウ
夏の暑さにも負けず、初夏から秋までの長期間、ピンクやローズ色の花を咲かせる。伸びすぎたら軽く切り戻すと、半月ほどで再び花を咲かせる。

ヤグルマギク
まっすぐに伸びる茎先に、青、桃、白、紫の花をつける。水はけと日当たりのよい場所を好む。草丈60cm前後の「フローレンスシリーズ」が使いやすい。

アグロステンマ
細く伸びた枝先に、白やピンクの素朴な花を咲かせる。わずかな風でもそよぎ、華奢な外見に似合わず、たいへん丈夫。こぼれ種でもふえる。

オルラヤ
純白のレース飾りのような花を、茎先にかたまってつける。水はけのよい場所を好み、適地ではこぼれ種でふえるほど丈夫。

宿根草の育て方

手のかからない宿根草といえども、
きれいな状態を長く保つためには、適切な手入れが必要です。

季節ごとのおもな作業

春
気温の上昇とともに、芽吹いた宿根草が日に日に大きくなる季節。一年のうちで、もっとも生長が早い時季なので、作業が遅れないように、段取りよく進めましょう。

株の整理……P.102
植えつけ（夏から秋咲き）……P.98
株分け（夏から秋咲き）……P.104
摘芯・切り戻し……P.100
花殻切り……P.99

夏
梅雨が明けると、暑く乾燥した季節がやってきます。梅雨どきの日照不足と湿気で軟弱に育っていると、影響を受けやすいので、梅雨入り前に切り戻しを行っておきましょう。

摘芯・切り戻し……P.100
花殻切り……P.99

秋
秋風を感じるようになると、秋咲きのサルビアやシュウメイギクなど、背の高い宿根草が花を咲かせ始めます。台風の季節でもあるので、支柱立てなどの作業も必要になります。

花殻切り……P.99
植えつけ（春から初夏咲き）……P.98
株分け（春から初夏咲き）……P.104

冬
霜が降り始めると、宿根草の生長が止まって花も咲かなくなり、しだいに枯れ葉が目立ち始めます。休眠しているように見えても、土の中では冬芽が育ち、翌年の準備が続いています。

株の整理……P.102

PART 3

植えつけ

あらかじめ土づくりをし、
開花期までにしっかり根を張れるように、
適期に植えつけを行います。

> 作業の適期
> 春（3～4月）　夏から秋に開花する種類
> 秋（10～11月）　春から初夏に開花する種類
> 例外：ハナショウブ（花後すぐ・6月下旬～7月上旬）、
> 　　　シャクヤク（9月末～10月上旬）など

どんな苗をいつ植える？

　花つきの苗を見ると、つい欲しくなってしまうかもしれませんが、ちょっと待ってください。3～4号（直径9～12cm）程度の小さなポットで無理に花を咲かせた苗は、植えつけ後も草丈が伸びにくく、花も早めに終わります。本格的な花が楽しめるのは、翌年以降になります。

　おすすめは、春から初夏に開花する種類は秋に、夏から秋に開花する種類は春に植えつけることです。開花するまでに根がしっかり張るので、株が充実し、宿根草本来の花を最初のシーズンから楽しむことができます。

土づくりの基本

　ある程度まとまったスペースに新たに植えつけるなら、土づくりから始めます。まず、苦土石灰80g/㎡をまき、20cm以上の深さまで耕して、よく混ぜます。できれば1週間以上おいてから、腐葉土か牛ふん堆肥20～30ℓ/㎡と規定量の元肥を施し、再び20cm以上の深さまで耕します。

　水はけが悪いようなら、砂やパーライトなどを20ℓ/㎡ほど追加し、さらに、雨水などがたまらないように、花壇の土を周囲から盛り上げましょう。

植えつけ方

　ひと通り苗を配置し、植えつける位置を決めます。一年草の花つき苗に比べると、宿根草は苗の状態からは想像もつかないほど、草丈も株張りも大きくなるので、あらかじめ生長時のサイズを確認しておきましょう。植えつけは、奥から順に行います。このとき、根をあまり切らないように気をつけながら、根鉢の⅓ほどを崩し、根を十分に広げて植えつけます。植えつけ後には、たっぷり水を与えます。

1株だけ植えつける場合

- 根鉢の⅓ほどを崩し、根を広げる
- 掘り上げた土に、¼量ほどの腐葉土（もしくは牛ふん堆肥）、小さじ1杯の苦土石灰を混ぜる
- ポットの2倍以上の大きさの植え穴
- 規定量の元肥

秋に植えつけたジギタリス。冬の間に根をしっかり張るので、よい花が期待できる

鉢花は適期以外にも植えつけ可能

　「鉢花」として、大きな鉢で仕立てられた株は、真冬と真夏を除けば、いつでも植えつけが可能です。植えつけ時には、根鉢の底と肩の部分を軽く崩します。鉢土と庭の土とが極端に違う場合は、次の植えつけ適期に掘り上げ、根をほぐしてから、庭土になじむように植え直しましょう。

花殻切り

一年草と異なり、宿根草では花殻切りは、
必ずしも必要ではありませんが、
下の3つのタイプは行うほうがよいでしょう。

作業の適期
春〜秋　花が終わったら随時

繰り返し咲くタイプ

繰り返し咲く種類は、種ができると養分を取られ、花が咲きにくくなったり、小さくなったりすることがあります。次の開花を促すために、結実しやすいものは花殻を切るとよいでしょう。
おもな種類：シャスターデージー、コレオプシス、オイランソウ、チョコレートコスモス、ガイラルディア、ガーベラなど。

種ができやすいタイプ

開花時期がかぎられる種類でも、種ができやすいものは、翌年に向けて株の充実を図るために、花殻切りをすることをおすすめします。
おもな種類：アガパンサス、アスチルベ、オダマキ、キキョウ、ムラサキセンダイハギなど。

花が大きなタイプ

花が大きな種類は、花殻をそのままにすると目立って美観を損ねるだけでなく、花殻から病気が広がって、次のつぼみや新芽を傷めることがあります。
おもな種類：オリエンタルポピー、シャクヤク、ジャーマンアイリス、タチアオイなど。

チョコレートコスモスの花殻切り

1. 花が終わったら、花茎のつけ根から花殻を切る
2. わき枝（矢印）が太くなり、そこによい花がつく

手をかけない花殻摘みのワザ

毎日、はさみを持って庭を見回り、花殻を切るのは大変です。そこで、ふだんは枯れた花弁だけを指先で摘み取ります。若い実が多少残ってもかまいません。そして、1週間に1回は、はさみの出番。残った花茎をつけ根や分かれ目から切り取ります。摘み残した若い実もていねいに取りましょう。

摘芯・切り戻し

摘芯や切り戻しを行うことで、
草丈を抑えて咲かせたり、
株の形をよくしたりすることができます。

> **作業の適期**
> 春　ボリュームを出したいとき
> 夏　草丈を低く抑えたいとき
> 　　蒸れに弱い種類の花後・梅雨入り前
> 　　大きく茂る種類の美観を保つため

コギクの摘芯

1　コギクは茎の先を摘み取ると、わき芽が出る。5～8月に2～3回繰り返す

2　秋の様子。枝数がふえて花の数が多くなり、ボリュームが出る

摘芯でボリュームを出す

　自然の状態では枝数が少ない種類も、若い茎の先端を摘み取ると、わき芽が出て枝分かれし、こんもりと茂らせることができます。ただし、花芽ができてから摘芯すると、花が咲かなくなるので注意します。
おもな種類：キキョウ、ペロフスキア、ヘレニウムなど→4～6月
　ルドベキア'タカオ'、サルビア・レウカンサなど→5～7月

グラス類の草丈を抑える

　ススキなど、夏に元気に茂るグラス類は、初夏に地際からばっさり切っておくと、秋に周囲の草花とほどよいバランスで茂ります。ただし、7月中にすまさないと、穂が出ないことや、出たとしても遅くなることがあるので注意を。
おもな種類：イトススキ、パニカム、ペニセタム、ワイルドオーツなど→6～7月

タカノハススキの切り戻し

1　7月、すでに大きく育っている

2　地際の芽（矢印）を残し、株元から約5cmで切る

3　切り戻し終了。こんな状態でも心配はいらない

4　11月、草丈が低い状態で穂がついた

> **摘芯や切り戻し後に注意**
>
> 　摘芯や切り戻しをすると、その後にたくさんの新芽が伸びてきます。そのままにすると、茎葉が混み合って、徒長したり、蒸れたりするので、時期を見計らって、細い枝をつけ根から切り取りましょう。

草丈を抑えて咲かせる

秋に花を咲かせる種類は、草丈がかなり高くなります。生長しながら茎の先端に花芽をつけるものは、開花の1〜2か月ほど前までに、半分程度の高さに切り戻すと、草丈を抑えて花を咲かせることができます。

おもな種類：オミナエシ、ウインターコスモス、ヤナギバヒマワリ、ユーパトリウム'アトロプルプレウム'など→6〜7月

サルビア・レウカンサの切り戻し

1. 6〜7月に、半分の高さで茎を切り戻す
2. わき芽（矢印）の上で切ることがポイント 

デンタータラベンダーの切り戻し

1. 花が終わったら、株の半分ほどの位置で切り戻す
2. 蒸れて黒くなった葉は、きれいに取り除く 

蒸れを防ぐために

蒸れに弱い種類は、株の中に風が通るように、花後に切り戻します。葉を楽しむ種類も蒸れに弱い種類は、梅雨入り前に切り戻しておきましょう。

おもな種類：ラベンダー、アルケミラ・モリス、アルテミシア'ポイズ・キャッスル'、アサギリソウ、シロタエギク、ラムズイヤーなど
→梅雨入り前

美しさを保つために

初夏から秋まで花を咲かせながら大きく育つ種類は、姿が乱れやすく、周囲の草花に覆いかぶさってきます。適宜切り戻して、大きさをコントロールしましょう。一度にすべての茎を切るのではなく、切った茎から花が上がってきたら、残りの茎を切るようにすると、花が途切れません。

おもな種類：サルビア'インディゴ・スパイア'、ガウラ、ミソハギ、サルビア・ウリギノーサ、バーベナ・ボナリエンシスなど
→大きく茂ったら適宜

ガザニアの切り戻し

1. 元気に育ち、通路にはみ出してしまったガザニア
2. 咲き終わった花はつけ根から切る 
3. 茎が重なり合っているところを中心に、伸びすぎた茎をわき芽の上で切る 
4. 切り戻し終了。株の中まで日光と風が入るようになり、次の花も咲きやすくなる

株の整理

冬になると葉が枯れたり、
傷んだりするものが出てきます。
早春までに、タイプに応じた整理をします。

> 作業の適期
> 冬　思いきって、きれいに片づける場合
> 春（早春）　枯れ姿を楽しんだとき
> 　　　　　　寒冷地で霜よけに枯れ葉を残したとき

冬に古い茎が枯れるタイプ

古い茎が冬に枯れ、地際から新芽が出るタイプは、冬から早春の間に、古い茎を地際近くまで切り戻します。種類や気候によっては、古茎の一部が生き残り、そのままにしておくと、春に株の上のほうから芽が出て、形の悪い株になる可能性があるからです。

おもな種類：ガウラ、キク、シャクヤク、宿根カスミソウ、ゲラニウム、タチアオイ、ウインターコスモスなど

フジバカマの整理

1 初冬のフジバカマ。冬の間、この姿を楽しむなら、早春に整理する

2 新芽を傷つけないように注意しながら、古い茎を地際近くで切る

サルビア・レウカンサの整理

1 初冬のサルビア・レウカンサ。古い茎のまわりから、すでに新芽が出ている

2 新芽を傷つけないように注意しながら、古い茎を地際近くで切り取る

3 整理終了。寒さによっては、新芽が枯れ込むこともあるが、春になれば再び芽吹く

寒さの厳しい地域では春先に整理する

寒さの厳しい地域では、冬前や寒い時季に茎を切ると、そこから傷んでくることがあります。枯れた茎葉が霜よけになるので、冬の間はそのままにするか、切っても長めに残すようにし、本格的に切るのは春を迎えてからにするとよいでしょう。

チェリーセージの整理

木質化した茎が残るタイプ

　茎が木質化して残り、地際や土の中から新芽が出にくいタイプは、地際まで茎を切り戻せません。しかし、そのままでは、春に細い枝から弱い芽がたくさん伸びてきたり、前年に育ちの悪かった部分からは芽が出なかったりと、草姿が乱れることがあります。

　そこで、新芽が動き出すまでに、全体のバランスを見ながら強く切り戻し、株を整理します。春には勢いのよい新芽が伸び出し、株が若返ってよい花が咲くようになります。

おもな種類：ペロフスキア、ラバテラなど

1　初冬、寒さで傷んできたチェリーセージ

2　株全体を見て、混み合っている部分の枝をつけ根から切り取る

3　細い枝や、内側を向いた枝もつけ根から切り取る

4　余分な枝を整理し終えたところ

5　全体のバランスを見ながら、地際から10〜20cmを目安に、わき芽の上で切り戻していく

6　整理が終わった状態。春には、ここから芽が出るので形のよい株になる

倒れないように支柱を立てる

　腰丈以上の宿根草には、ジギタリスやタチアオイなどのように、強い雨風で茎が倒れやすいものがあります。そんな種類には、あらかじめ支柱を添えると安心。右図のようにすると、支柱が目立ちません。宿根カスミソウやウインターコスモスのように、茎がしなやかで丈夫な種類なら、草丈の半分ほどの支柱を用意し、同じように土に差して、株元だけしっかり固定すればよいでしょう。

草丈と同じくらいの高さの支柱

⅓ほど土に差し込む

大株への支柱

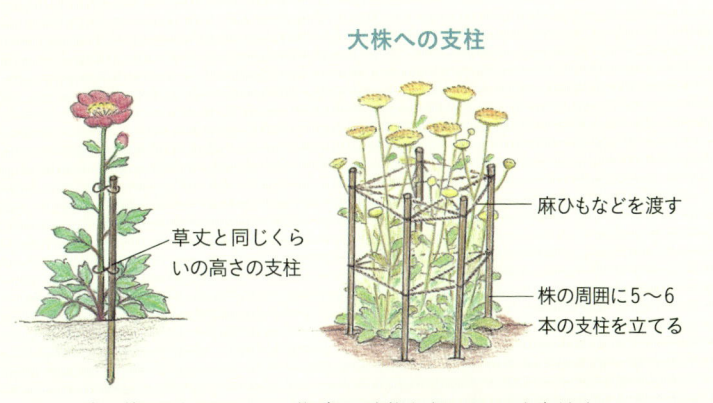

麻ひもなどを渡す

株の周囲に5〜6本の支柱を立てる

茎ごとに支柱を立てるのは大変だが、この方法なら簡単で見栄えもよい

株分け

株をふやすだけではなく、
株の更新や、広がりすぎた株を
小さくするためにも株分けを行います。

> 作業の適期
> 春（3月）　夏から秋に開花するもの
> 秋（10～11月）　春から初夏に開花するもの
> 例外：ジャーマンアイリス（花後すぐ・5月下旬～6月）、
> 　　　シャクヤク（9月末～10月上旬）など

株分けの目的

株分けの目的のひとつは、株をふやすこと。そしてもうひとつが株の更新です。宿根草は植えつけて2～3年は株が大きくなり、年ごとに花もたくさん咲くようになりますが、長年そのままにしておくと、しだいに生育が衰えてきます。また、ジギタリスなどのように、もともと短命な種類は、数年で衰弱してきます。そうなる前に株分けをして、新しい芽を育てるのです。また、株が大きくなりすぎて、じゃまになってきた場合も株分けを行います。

株を見て時期を判断

株元から出る新芽の太り具合、花の大きさなどを観察して、少し弱ってきたなと感じたら株分けをしましょう。キクのように、たくさんの地下茎を伸ばして何倍にもふえる種類は、毎年もしくは1年おきに株分けが必要になりますが、クリスマスローズのように、3年たっても2～3倍くらいにしかふえない種類は、4～5年以上そのままにできます。

なお、株分けの方法は、株のふえ方や根の形態などのタイプによって異なります。

作業の適期

一部、例外もありますが、夏から秋に開花する種類は、生育期が始まる直前の春先（3月）に、春から初夏に開花するものは、休眠に入るころの晩秋（10～11月）に作業します。

植えつけの注意点

株分けした後は、土に腐葉土や牛ふん堆肥などを混ぜて土づくりすれば、たいていの宿根草はもとの場所に植えてかまいません。

ただし、アヤメの仲間（イリス）は、同じ場所を極端に嫌うので、植え場所を変えるか、そっくり土を入れ替えてから植えつけます。白絹病や菌核病など土から感染する病気が出た場合も、土を取り替えるほうがよいでしょう。

マルチングのすすめ

マルチングとは株元の地面をバークチップや腐葉土などで覆うこと。暑さ対策、寒さ対策、乾燥予防に役立ちます。株分けして植えつけた後、雑草を生えにくくしたり、強い雨による泥はねで病原菌が葉裏につくのを予防する効果もあります。シャクヤクやケマンソウなど病気にかかりやすい種類には、季節を問わずするとよいでしょう。

バークチップや腐葉土などで土の表面を覆う

そう生タイプ 1 ──→ アスチルベ、ヒューケラ、ダイアンサスなど

親株の周囲に新しい芽をつくり、周囲に広がっていくタイプ

トリトマの株分け（作業の適期：秋）

株を掘り上げ、芽の位置を確かめつつ、根をほぐしながら地下茎を分ける。1芽ずつ分けると、株のボリュームが出るまでに時間がかかるので、1株に3〜5芽が目安。根が絡み合って分けにくいときは、バケツの水で土を洗い落とす。マイナスドライバーやはさみで分けてもよい。

1 株から離れた場所に移植ゴテを入れ、株を大きく掘り上げる

2 できるだけ土を落とし、絡まった根をほぐしつつ、株を分けていく

3 株分け終了。大きく分ければ、翌年からボリュームのある花が楽しめる

そう生タイプ 2 ──→ キキョウ、シャクヤク、フクジュソウ、ムラサキセンダイハギなど

そう生タイプでも、太くてかたい根が絡まり合い、株分けしにくいもの

キキョウの株分け（作業の適期：秋）

太い根が絡まっていて、手だけではほぐしにくいので、はさみやマイナスドライバーなどで切り分ける。掘り上げた後、数日間陰干しすると根が縮み、分ける位置がわかりやすくなる。はさみなども入りやすい。

1 株から離れたところに移植ゴテを入れ、根を掘り上げる

2 太い根が絡み合い、簡単には分けられない。とがっているのが来年の芽

3 ていねいに、できる範囲で、根をほぐしていく

4 太い根がどう回っているか確認し、分ける場所（矢印）の見当をつける

5 ドライバーを入れて、切り分ける。芽（矢印）を傷つけないように注意

6 絡んだ根をほぐしながら、ていねいに分けていく

球根タイプ → エビネ、シラン、トリカブト、リアトリスなど

地下茎や根が太って球根のような形になり、そこに芽をつけるタイプ

ジャーマンアイリスの株分け（作業の適期：花後すぐ）

株を掘り上げ、根茎や地下茎を手で割って、2～3芽ずつに分ける。親株からも芽は出るが、翌々年にならないと開花しないので、株数がたくさん必要なとき以外は捨てる。

1 ふっくらと膨らんでいるところ（矢印）が芽。1株が2～3芽になるように分ける。親株は翌年には開花しないので捨てる

2 葉からの蒸散を防ぎ、根づきやすくするために、葉を15cmほどで切る

3 元気のよい根は5cm、植えたときぐらつかないように、しわの寄った古い根は1～2cm残して切る

4 根茎の半分が、土から顔を出すように植えつける

5 秋には、新芽が出てくる

地下茎タイプ → キク、オミナエシ、サルビア・ウリギノーサ、フジバカマなど

地下にほふく茎を伸ばし、親株から離れたところに芽（子株）をつけるタイプ

コギクの株分け（作業の適期：秋）

子株を掘り取って苗にする。根が出ていなくても、7～8cmほどほふく茎をつけて切れば、発根する。親株の株元や株元近くから出てくる子株は、勢いが弱いので、親株ともども掘り取って処分する。

1 親株から離れたところから新芽（矢印）が出てくる

2 土をよけて、芽に7～8cmのほふく茎をつけて切る

3 切り取った子株。これを植えつける

ほふくタイプ

→ ツルハナシノブ、シャガ、ユキノシタ、ラムズイヤー、宿根ガザニア、クローバー、バーベナ（ほふくタイプ）、ツルニチニチソウなど

ほふく茎を地面に伸ばして広がるタイプ

ほふく茎の途中にロゼット状（放射状に葉を広げた状態）の子株をつけて根を出すものと、茎のところどころから根を出すものとがある。いずれも根が出ていることを確認して切り分ける。葉をおもに楽しむものは、真夏と真冬を除けば、いつでも作業できる。

アジュガの株分け（作業の適期：花後の5月、または秋）

1 子株の下から根が出ていることを確認して、ほふく茎を切る

2 土ごと掘り上げて、植えつける

リシマキア・ヌンムラリアの株分け（作業の適期：真夏と真冬以外）

1 ほふく茎を軽く引っぱって、どこから根が出ているか確認する

2 根をつけて、ほふく茎を長さ7〜10cmほどに切る。土ごと掘り上げて植えつける

上手な肥料の施し方

芽出し肥とお礼肥を中心に

春の芽出し時期に緩効性の肥料を施し、花後にも少量の化成肥料を施します。ガウラやバーベナ・ボナリエンシスなど、開花期の長い種類は、開花中に月1回ほど、少量の化成肥料を追肥として施すとよいでしょう。

施しすぎに注意

肥料が足りずに花が咲かなかったり、枯れたりということは、宿根草ではまずありません。むしろ、施しすぎにより株が大きくなりすぎて、周囲の植物の生育を妨げる、蒸れて病気が出る、軟弱に育って花茎が倒れるなどの問題が起きます。また、暑さが苦手なデルフィニウムやルピナスなどは、暑い時期に肥料を施すと、株の寿命を縮めることになります。

丈夫なラミウム・マクラツムも、多肥になると株が暴れ、さらに病気にもかかりやすくなる

おすすめ宿根草の開花期・観賞期リスト

図鑑で紹介した中でも、とくにおすすめの宿根草の花と葉の観賞期を一覧表にしました。
宿根草選びと組み合わせを考えるときの参考にしてください。

― 開花期　　― 葉の観賞期

		早春	春	晩春	初夏	夏	秋	晩秋	冬
A 横に広がる	アジュガ								
	エゴポディウム								
	ガザニア・ユニフロラ								
	クローバー								
	ゲンペイコギク								
	ビンカ・ミノール								
	ラミウム								
	リシマキア'ミッドナイト・サン'								
B こんもり茂る	アルテミシア'ポイズ・キャッスル'								
	イソギク								
	ギボウシ								
	キャットミント								
	コンギク								
	チェリーセージ								
	ニシキシダ								
	ヒューケラ								
C 直線的なライン	ウスベニアオイ								
	サルビア'インディゴ・スパイア'								
	ジギタリス								
	シラン								
	ペルシカリア・アンプレキシカウリス								
	ペロフスキア								
	ペンステモン'ハスカー・レッド'								
	ムラサキセンダイハギ								
	モモバギキョウ								
	ラッセルルピナス								
	リアトリス								

		早春	春	晩春	初夏	夏	秋	晩秋	冬
D 茎の先に目立つ花	アガパンサス				―				
	アムソニア			―	―				
	アルメリア		―						
	エキナセア					―			
	オイランソウ				―				
	カンパニュラ'サラストロ'				―				
	キバナノコギリソウ				―				
	ストケシア				―	―			
	ヘレニウム					―			
	ミヤコワスレ		―						
	モミジアオイ					―	―		
E 後ろが透ける	オミナエシ					―	―		
	ガウラ（矮性系）			―	―	―	―		
	クロバナフウロ			―	―				
	宿根カスミソウ				―				
	スイセンノウ			―	―				
	バーベナ・ボナリエンシス				―	―	―		
	ルドベキア'タカオ'					―	―		
F ゆるやかな曲線	オオバジャノヒゲ'黒竜'	―	―	―	―	―	―	―	―
	カレックス'エバーゴールド'	―	―	―	―	―	―	―	―
	ディエラマ				―				
	パニカム・ビルガツム				―	―	―	―	
	フウチソウ			―	―	―	―	―	
	ホルデウム・ユバツム		―	―					
	ムラサキツユクサ			―	―	―			
	ワイルドオーツ				―	―	―	―	
G 個性的な草姿	アーティチョーク			―	―	―	―	―	
	アカンサス			―	―	―	―	―	
	イトススキ			―	―	―	―	―	
	ニューサイラン	―	―	―	―	―	―	―	―
	メリアンサス			―	―	―	―	―	

植物名索引

この本に登場した植物の索引です。
太字は「PART2 フォルム・草丈別 宿根草選び図鑑」での掲載ページを示しています。
なお、図鑑以外で登場した植物については、基本的に属名レベルの植物名でまとめています。

[宿根草]

あ
- アーティチョーク **92**
- 青色フジバカマ **79**
- 青色ホタルブクロ
  → カンパニュラ'サラストロ'
- アガスターシェ 15
- アガパンサス **77**
- アカンサス **91**
- アクイレギア → 西洋オダマキ
- アサギリソウ **64**
- アザミ 34、35
- アジュガ 20、43、50、57、**60**、107
- アスチルベ 13、14、25、27、35、40、42、46、51、53、**67**
- アストランティア 29、35、**83**
- アマドコロ **87**
- アムソニア **78**
- アヤメ 33、42
- アルケミラ・モリス 23、25、56、**64**
- アルテミシア 15
- アルテミシア'ポイズ・キャッスル' **68**
- アルメリア **76**
- アンチューサ・アズレア 35
- イソギク **66**
- イトススキ **91**
- イトバハルシャギク **64**
- イベリス・センペルビレンス 24、40、47
- ウインターコスモス **86**
- ウスベニアオイ 14、**73**
- エキナセア 13、**80**
- エキノプス **81**
- エゴポディウム 25、**60**
- エノテラ 15、23、31
- エビネ 40
- エリゲロン・カルビンスキアヌス
  → ゲンペイコギク
- エリンジウム・プラナム **85**
- エレサレムセージ 14
- オイランソウ **77**
- オオバジャノヒゲ'黒竜' 41、**88**
- オキシペタルム 39
- オダマキ 51、52
- オニゲシ → オリエンタルポピー
- オノマンネングサ 50
- オミナエシ **86**
- オリエンタルポピー 33、**81**

か
- ガーベラ **76**
- ガイラルディア **68**
- ガウラ 56、**84**
- ガザニア 101
- ガザニア・ユニフロラ **60**
- カレックス'エバーゴールド' 23、26、56、**87**
- カレックス・ブキャナニー **88**
- カンパニュラ 41
- カンパニュラ'サラストロ' 43、**80**
- カンパニュラ・ラクティフローラ **81**
- キキョウ 40、41、**78**、105
- キバナカラマツソウ **85**
- キバナノコギリソウ **82**
- キバナボタンカラマツ
  → キバナカラマツソウ
- ギボウシ 7、13、26、27、36、39、40、41、42、43、46、47、50、51、52、53、**68**
- キャットミント 27、**65**
- クサソテツ 25、42、43、46、**91**
- クジャクシダ 46、52
- クリスマスローズ 39、41、46、**67**
- グレコマ 47、**61**
- クレマチス 24、31、**93**
- クロバナフウロ 7、**85**
- クローバー 32、**61**
- ゲウム 32
- ケマンソウ 25、**89**
- ゲラニウム 23、24、31、34
- ゲンペイコギク 24、56、**61**
- コギク **67**、100、106
- 五色ドクダミ 39、**62**
- ゴデチャ 15
- コレオプシス・バーティシラータ
  → イトバハルシャギク
- ゴンギク **69**

さ
- サラシナショウマ 51
- サルビア'インディゴ・スパイア' **74**
- サルビア・ウリギノーサ **82**
- サルビア・ネモローサ 13、32、56、**70**
- サルビア・プラテンシス 31、32
- サルビア・レウカンサ 90、101、102
- サンジャクバーベナ
  → バーベナ・ボナリエンシス
- サントリナ 23
- ジギタリス 6、12、23、26、32、**74**
- シダルセア・マルビフロラ **73**
- シペラス 7
- ジャーマンアイリス **79**、106
- シャガ **77**
- シャクヤク 28、**78**
- シャスターデージー **80**
- シュウメイギク 41、**86**
- 宿根カスミソウ **84**
- シラン **71**
- シレネ・ディオイカ 33
- シレネ・ブルガリス 29
- シロタエギク 12、50
- スイセンノウ 32、**84**
- スカビオサ 24
- スティパ 13
- ストケシア **77**
- セイヨウキランソウ → アジュガ
- セイヨウノコギリソウ **78**
- 西洋オダマキ 13、26、47、**83**
- セキショウ 39

た
- ダンゴギク → ヘレニウム
- タイツリソウ → ケマンソウ
- タイム 56
- タカノハススキ 100
- タチアオイ **73**
- タマシャジン 32、50
- チェリーセージ **69**、103
- チャイブ 23
- チョコレートコスモス 99
- ツルハナシノブ **62**
- ツワブキ 49、53、**65**
- ティアレラ 51
- ディエラマ **90**
- ディコンドラ 26
- デルフィニウム 6、14、24、31、32、34、**75**
- デンタータラベンダー 101
- ドイツスズラン **66**
- トリトマ **75**、105
- トリフォリウム → クローバー

110

な

ニシキシダ　53、57、**65**
ニューサイラン　13、27、39、47、**92**

は

バーベナ・ボナリエンシス　20、23、**85**
ハゴロモジャスミン　**93**
パニカム・ビルガツム　8、**90**
ハラン　**89**
ハロラギス　**15**
ヒゲナデシコ　27、**79**
ビデンス → ウインターコスモス
ヒメツルニチニチソウ
　→ ビンカ・ミノール
ヒューケラ　12、13、39、40、43、46、47、53、**66**
ヒューケラ　39、**66**
ヒルザキツキミソウ　**32**
ビンカ・ミノール　**62**
斑入りイワミツバ
　→ エゴポディウム
斑入りカキドオシ → グレコマ
フウチソウ　7、39、52、**89**
フジバカマ　**102**
フッキソウ　**62**
フランネルソウ → スイセンノウ
プリムラ・ブレヤナ　**42**
ブルンネラ　43、50、**51**
プルモナリア・ロンギフォリア　53、**65**
ベアグラス
　→ カレックス'エバーゴールド'
ペニセタム・ヴィロサム　**89**
ベニバナサワギキョウ
　→ ロベリア・カージナリス
ヘメロカリス　41、**79**
ヘリオプシス　**27**
ペルシカリア・アンプレキシカウリス　**71**
ヘレニウム　**82**
ベロニカ'クレーター・レイク・ブルー'　**31**
ベロニカ・スピカータ　40、**70**
ペロフスキア　26、56、**75**
ベンケイソウの仲間　**80**
ペンステモン　**6**
ペンステモン'ハスカー・レッド'　24、26、**70**
ホスタ → ギボウシ
ボッグセージ
　→ サルビア・ウリギノーサ
ホトトギス　42、50、**71**
ホリホック → タチアオイ
ホルデウム・ユバツム　**87**

ま

マツバトウダイ
　→ ユーフォルビア・キパリッシアス
マルバダケブキ
　→ リグラリア・デンタータ
ミズヒキ　**42**
ミセバヤ　55、**56**
ミソハギ　8、**71**
ミヤコワスレ　50、51、**76**
ムラサキセンダイハギ　**73**
ムラサキツユクサ　24、**88**
メキシカンブッシュセージ
　→ サルビア・レウカンサ
メリアンサス　**92**
モナルダ　**81**
モミジアオイ　**82**
モモバギキョウ　34、35、40、**72**

や

ヤブラン　43、50、51、**88**
ユキノシタ　37、**61**
ユーパトリウム　**9**
ユーフォルビア　**33**
ユーフォルビア・ウルフェニー　15、**69**
ユーフォルビア・キパリッシアス　**63**

ら・わ

ラッセルルピナス　27、33、34、**72**
ラバテラ・クレメンティー　**74**
ラベンダーセージ
　→ サルビア'インディゴ・スパイア'
ラミウム　23、45、46、**63**
ラムズイヤー　**23**
ラムズイヤー'シルバー・カーペット'　**63**
リアトリス　**74**
リグラリア・デンタータ　24、**69**
リシマキア'ファイヤークラッカー'　25、**26**
リシマキア'ミッドナイト・サン'　**63**
リシマキア・ヌンムラリア　51、56、57、**107**
リナリア・プルプレア　23、24、29、43、**72**
リボングラス　**32**
リュウノヒゲ　**41**
ルドベキア'タカオ'　8、**86**
ルドベキア・マキシマ　**92**
ルリタマアザミ → エキノプス
レディスマントル
　→ アルケミラ・モリス
ロシアンセージ → ペロフスキア
ロニセラ　**93**
ロベリア・カージナリス　**72**
ロータス・ヒルスツス　45、**67**
ワイルドオーツ　**90**

[一年草・一年草扱い]

アグロステンマ　35、**95**
アンチューサ　24、**50**
オルラヤ　24、28、31、32、33、34、**95**
シノグロッサム　**31**
スイートアリッサム　**12**
スイートピー　**31**
ノゲイトウ　**95**
パンジー　**36**
ビオラ　**95**
ビスカリア　**31**
ヒナゲシ　32、**95**
ヒメハナビシソウ　**45**
ブラキカム　**45**
フレンチマリーゴールド　**20**
ムシトリナデシコ　**23**
モンツキヒナゲシ　**33**
ヤグルマギク　14、35、**95**
ローダンセマム　**12**

[球根植物]

アリウム　23、**24**
オキザリス　24、**47**
スイセン　37、**95**
ダリア　**34**
チオノドクサ　**95**
バイモ　**37**
ムスカリ　**95**
ユリ　**34**

[低木]

アオキ　**49**
アジサイ　25、39、**52**
アメリカテマリシモツケ'ディアボロ'　40、**94**
アメリカノリウツギ　**46**
カシワバアジサイ　24、39、50、**94**
サンゴミズキ　24、**26**
シモツケ　39、**52**
ジューンベリー　**39**
スモークツリー　**94**
セイヨウニンジンボク　**94**
セイヨウハナズオウ　**15**
ツリバナ　**41**
バラ　46、**56**
ビバーナム・ティヌス　**41**
ヒペリカム　51、**57**
姫イチゴノキ　**41**
ファストヘデラ　**52**
メギ　14、26、47、**94**
モミジ　39、**40**
ヤツデ　49、**94**
ヤブコウジ　**39**

山本規詔（やまもと・のりあき）

園芸家。一年草から造園樹木まで、ジャンルを問わず世界中のさまざまな観賞用植物を手がけ、植物の導入・栽培・それを利用したガーデンづくりを実践する園芸のスペシャリスト。園芸試験場、植物園、フラワーパークなどを経て、世界の花の自生地を巡る旅に出る。現在はフリー。これまで栽培・観察してきた植物は延べ数万種類に及ぶ。カラーリーフや色彩をテーマとしたデザインには定評があり、日本の気候に合った装飾的園芸の基礎を築いた草分け的存在でもある。
著書に『宿根草図鑑』『花色合わせで楽しむガーデニング』（ともに講談社）、共著に『ガーデン植物大図鑑』（講談社）、『狭さをいかす庭づくり』（NHK出版）などがある。

編集	有竹 緑
デザイン	山内迦津子、林 聖子（山内浩史デザイン室）
写真協力	今井秀治、おぎはら植物園、川俣満博、佐藤春子、城山 豊、関 幸貴、高木あつ子、高橋 稔、福地大亮、藤川史朗、矢島慎一、山本規詔
イラスト	月江 潮、山本規詔
校正	佐藤博子
DTP製作	天龍社
撮影協力	安城産業文化公園デンパーク、アンディ&ウィリアムスボタニックガーデン、井坂美代子、伊須洋子、稲葉典子、ガーデニングミュージアム花遊庭、ガーデンソイル、軽部みどり、岸谷和美、木村仁美、倉島慶子、小林友子、佐藤順子、Sam's Garden、シンプリーガーデン、大宏園、高塚圭真、丹野尚美、塚原文隆、引地三夫、ペンションあっぷる、むらかみ農園、柳谷明子、吉岡志保子、リーフハウス、和久井ガーデン、渡部励子

庭をきれいに見せる 宿根草の選び方・使い方

2014年4月1日　第1刷発行
2024年1月25日　第17刷発行

著　者	山本規詔
発行者	木下春雄
発行所	一般社団法人 家の光協会
	〒162-8448　東京都新宿区市谷船河原町11
	電話　03-3266-9029（販売）
	03-3266-9028（編集）
	振替　00150-1-4724

印刷・製本　共同印刷株式会社

落丁・乱丁本はお取り替えいたします。
定価はカバーに表示してあります。
©Noriaki Yamamoto 2014 Printed in Japan
ISBN 978-4-259-56437-7 C0061